GUIARAMA **COMPACT**

Estocolmo

ANAYA
TOURING

Texto original: **Mario del Rosal y Anaya Touring**
Actualización: **Edipratt**

Responsable editorial: **David Lozano**
Edición: **Edipratt**
Técnico editorial: **Edipratt**
Cartografía: **David Lozano**
Producción: **Juan José Rodríguez, Antonio Mellado y Olga Hernando**
Diseño tipográfico y de cubierta: **marivies**

Fotografías:
iStockphoto: wjarek, cubierta (sup.). Shutterstock: a40757, 69; Alexanderstock23, 9, 94; Alizada Studios, 26, 48; alljoh, 75; Anastasia Kamysheva, 97; Andrey Shcherbukhin, 8-9; Andrii__Ivaniuk, 59; Arcady, 12, 57; Atosan, 22-23; bozulek, 63; Bumble Dee, 10; Cavan-Images, 15; Collection Maykova, 32-33; Corrado Baratta, 101; D. Vucic, 18-19; Dreamer Company, 93; ecstk22, 40; Ellen Brouns, 76-77; Elzbieta Krzysztof, 2, 49, 82-83; EQRoy, 19; EvisDisha, 67 (sup.); Francisco Javier Diaz, 50 (dcha.), 62; Goran Vrhovac, 55; Halit Sadik, 45 (sup.); Hans Baath, 64-65; Hans Christiansson, 103; Heracles Kritikos, 27; Igor Grochev, 56; Inspired By Maps, 74; Javen, 17; Jeppe Gustafsson, 98, 107; Joachim Bago, 30; JohnNilsson, 29; Julie Mayfeng, 50 (izq.); Kapi Ng, 37; Kiev.Victor, 47, 61, 105; Kirk Fisher, 24-25; Kristin Pineda, 14; Lasse Johansson, 84; Lesia Popovych, 33; Master1305, 31; Maurizio De Mattei, 44, 45 (inf.); Michael Gordon, 85; Michael715, 109; Mikael Damkier, 86-87; Mistervlad, 41; Nina Alizada, 91; O.Kemppainen, 106; Olga Popova, 21 (inf.); OlgaVysh, 16, 25; Olha Solodenko, 53; Per-Boge, 58; Peter Ekvall, 13 (inf.); Photo_J, cubierta (inf.); Pyty, 52-53, 60, 72; Ralf Liebhold, 21 (sup.); Sergii Figurnyi, 13 (sup.); SophieOst, 28; Stefan Holm, 46; Stefano Bolognini, 80; Stemp21, 73; Stock for you, 38-39; SvetlanaSF, 54; trabantos, 6-7, 11; trezordia, 96; Tupungato, 20 (inf.); Umomos, 79; Uwe Aranas, 20 (sup.); valkird, 68; Victor Maschek, 36 (sup.); vpussinen, 81; Wirestock Creators, 35; WR7, 36 (inf.); Yagujinskaja, 67 (inf.); Zuzana Habekova, 66.

1ª edición: 2025

© Grupo Anaya, S. A., 2025
   Valentín Beato, 21. 28037 Madrid
   www.guiasdeviajeanaya.es

Depósito legal: M-01.243-2025
ISBN: 978-84-9158-887-0
Impreso en España-Printed in Spain

PAPEL DE FIBRA CERTIFICADO

La información contenida en esta guía ha sido cuidadosamente comprobada antes de su publicación. No obstante, dada la naturaleza variable de los datos, recomendamos su verificación antes de salir.

Contenido

Personajes famosos

| Gustavo Adolfo de Suecia (1594-1632)

| Alfred Nobel (1833-1896)

| Olof Palme (1927-1986)

Cómo usar esta guía

Esta **Guiarama** de **Estocolmo** se divide en cinco secciones que abarcan los aspectos más importantes de la visita a la ciudad.

Una mirada a Estocolmo, páginas 6-21

Presentación
Perfil de Estocolmo
Lo que no hay que perderse
Un poco de historia
Naturaleza y paisaje
Personajes famosos

Diez lugares inolvidables, páginas 22-37

La elección del autor de los diez lugares más atractivos de la ciudad, todos con información práctica.

Visita a la ciudad, páginas 38-85

Se divide Estocolmo en siete zonas, cada una con una introducción y listado de los lugares más interesantes.
Información práctica
Breves notas "¿Sabías que...?"
2 paseos a pie

Dónde ..., páginas 86-109

Información detallada sobre restaurantes, alojamiento, ocio, teatro, niños, museos, compras y deporte.

Información práctica, páginas 110-120

Toda la información necesaria para el viajero presentada de forma visual.

Mapas y planos

Todas las referencias lo son a los mapas y planos que se incluyen en la guía. Por ejemplo, el Palacio Real va seguido de la referencia 🕐 43C3 que indica la página en la que se encuentra el plano (43) y las coordenadas (C3) donde se halla el edificio.

Alrededores de **Estocolmo**

ABBA The Museum

9

Precios

El precio aproximado de los establecimientos se indicará mediante los signos:

C caro, **M** moderado y **E** económico.

Clasificación por estrellas

La mayoría de los lugares descritos en el libro se han clasificado por su grado de interés como sigue:

★★★   Visita obligada
★★   Muy interesante
★   Interesante

Símbolos utilizados

A lo largo de la guía se han utilizado símbolos sencillos y claros para indicar las siguientes categorías:

⊙   referencia a los planos del final de la guía

✉   dirección o localización

☎   número de teléfono

⊙   horario

🍴   restaurante o café

Ⓜ   estación de metro más cercana

🚌   rutas de autobús o tranvía

🚆   estación de tren más cercana

⚓   ferry más cercano

✈   aeropuerto

ℹ   información turística

♿   servicios para discapacitados

🎟   precio de la entrada

⊕   otros lugares de interés cercanos

❗   más información práctica

🖥   web

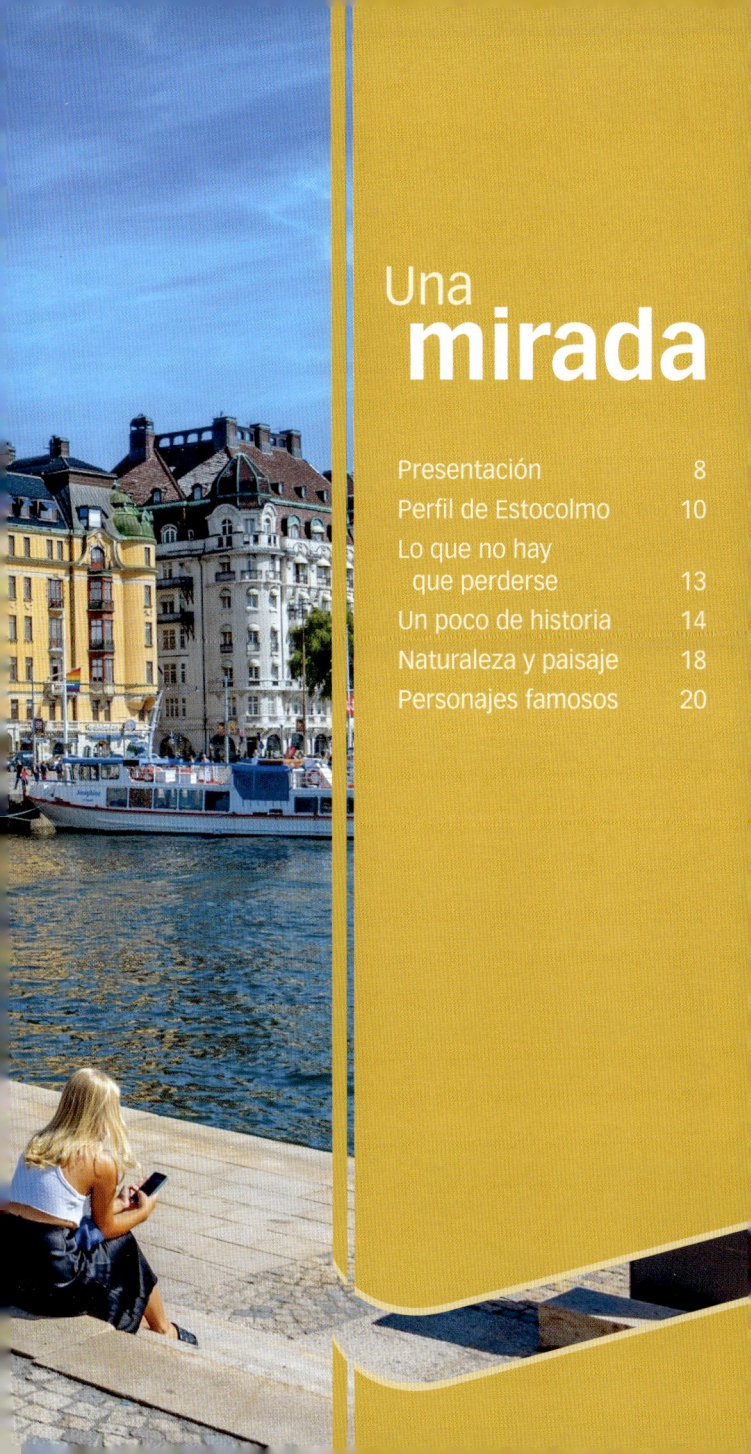

Una
mirada

Presentación

No cabe ninguna duda: visitar Estocolmo es descubrir una de las dos o tres capitales más hermosas de Europa que combina a la perfección la modernidad con la tradición, ofreciendo una experiencia inolvidable. Parapetada al fondo de un interminable dédalo de antiguos fiordos, incontables islotes y lenguas de tierra sobre las aguas compartidas del lago Mälaren y el mar Báltico, la ciudad tiene un carácter único.

Su belleza serena se puede disfrutar tanto en los luminosos días de verano como en las somnolientas y blancas jornadas del invierno. Su casco urbano se ha ido desarrollando de tal manera que en la actualidad forma un pintoresco puzzle de islas conectadas por puentes de hierro y por las estelas de los incesantes barcos. En ella el visitante se en-

▼ Vista de Gamla Stan, uno de los centros medievales mejor conservados de Europa, desde la icónica torre del Ayuntamiento.

contrará recorriendo un amplio laberinto de edificios señoriales, calles limpias y cuidadas, parques verdes y brillantes, plazas abiertas al mar y un sinfín de rincones de enorme encanto y sofisticación entre los que pasean y pedalean gentes de una belleza acorde con su entorno.

Con más de 750 años de historia, Estocolmo no es solo el centro administrativo y económico de Suecia, sino la ciudad más grande e importante de toda Escandinavia y el destino turístico preferido por los españoles que visitan este país nórdico.

El área metropolitana del Gran Estocolmo supera los dos millones de habitantes, lo que supone una cuarta parte de la población sueca (10.537.000 habitantes), y produce más de un tercio del PIB de todo el país.

▲ *Göteborg*, histórico barco atracado en el puerto de la ciudad.

Perfil de Estocolmo

▍Geografía

Está construida sobre 14 islas conectadas por más de 50 puentes, lo que le da un carácter singular. En la visita a la ciudad se puede disfrutar de paseos en barco por el archipiélago de Estocolmo, explorar los numerosos parques y jardines, como el Parque Djurgården, y disfrutar de vistas panorámicas desde el Ayuntamiento de Estocolmo.

▍Economía

Además de capital de Suecia, es un motor económico clave en el país y en toda la región nórdica. Importante centro tecnológico, con empresas de renombre mundial como Ericsson y Spotify, apoya también el crecimiento de nuevas empresas y *start-ups,* gracias en parte a que es un notable centro financiero y comercial, con numerosos bancos y compañías de seguros. Igualmente, las industrias del diseño y de la moda juegan un papel importante en su tejido empresarial.

Por otra parte, como en el resto del mundo, el turismo ha crecido significativamente en los últimos años, convirtiéndose en un pilar sustancial para la economía de Estocolmo. Una parte se debe al turismo de negocios, gracias a la celebración de numerosas conferencias internacionales en impresionantes lugares como el Palacio de Congresos y el Globen Arena.

▼ Estocolmo es la sede de famosas empresas multinacionales como Spotify.

▲ Numerosas calles peatonales recorren el centro de la ciudad.

▌ Población

Es la urbe más poblada de Suecia, con aproximadamente 972.000 personas viviendo en la ciudad propiamente dicha, un dato que asciende a unos 2,4 millones de residentes si se incluye el área metropolitana. Además, este número no deja de crecer año tras año.

▌ Clima

Estocolmo es una ciudad que se puede disfrutar en cualquier época del año, aunque cada estación ofrece una experiencia diferente. En general, tiene un clima templado y moderado, con una mezcla de influencias marítimas y continentales.

Los meses más cálidos son julio y agosto, cuando las temperaturas suelen mantenerse entre 15 y 25 °C. El frío arrecia más en los meses de diciembre, enero y febrero, fechas en las que el termómetro no sube de los 0 °C.

Si se desea saber más o se busca información actualizada lo mejor es consultar la web del Sveriges Meteorologiska Institut (Instituto Meteorológico de Suecia): *www.smhi.se*.

La **esencia** de **Estocolmo**

Los estocolmenses son conocidos por ser amables, educados y respetuosos. La ciudad es famosa por su enfoque en la sostenibilidad, la innovación y la calidad de vida. Los habitantes de Estocolmo suelen ser muy conscientes del medio ambiente y valoran la naturaleza y el aire libre. Además, Estocolmo es una ciudad multicultural y diversa, lo que se refleja en la apertura y la tolerancia de sus residentes hacia diferentes culturas y estilos de vida. La ciudad también es conocida por su diseño y arquitectura modernos, así como por su rica historia y patrimonio cultural.

No hay que perderse…

Viajar pocos días no implica viajar con prisa. Se pueden conocer rincones de Estocolmo o realizar actividades que ayuden a retener la esencia del lugar. He aquí alguna recomendación.

▍ **Pasear por Gamla Stan.** Una buena manera de comenzar la visita de la ciudad es recorrer el casco antiguo, uno de los mejor conservados de Europa, con sus calles adoquinadas, edificios históricos y agradables tiendas y cafés.

▍ **Alquilar una bicicleta** en las más de 100 estaciones de bicicleta pública es la mejor forma de integrarse en la vida de Estocolmo, ya que el 25 % de los residentes utilizan la bicicleta para desplazarse, porcentaje que año tras año aumenta. Las bicicletas también se pueden alquilar en cualquier oficina de turismo o en muchos hoteles.

▍ **Hacer un crucero por el archipiélago.** Explorar las numerosas islas que rodean Estocolmo (¡hay más de 24.000!) en un relajante paseo en barco será una experiencia inolvidable y una buena forma de tomarse un descanso.

▍ **Disfrutar de la gastronomía sueca visitando sus numerosos mercados** en los que ofrecen además de las clásicas albóndigas numerosos productos entre los que destacan el queso, las tapas de pescado, el marisco, etc. sin olvidar los dulces locales como el *polkagris*, un bastón de caramelo de origen sueco.

▍ **Sentirse un poco bohemio en el barrio Södermalm,** en la isla homónima, una de las zonas que más se ha popularizado en los últimos años gracias a sus numerosas tiendas de segunda mano, galerías de arte y restaurantes modernos que combinan vanguardia y tradición, además de ser una parada imprescindible para los fans de la saga *Millennium*, ambientada aquí.

▍ **Utilizar el metro de Estocolmo** para los desplazamientos por la ciudad y su área metropolitana porque, además de ser rápido, muchas de sus estaciones están decoradas artísticamente, siendo considerado uno de los más bonitos de Europa. Para no perderse ninguna, lo mejor es contratar un recorrido guiado.

▍ **Contemplar la ciudad desde la torre del Ayuntamiento** para tener una de las mejores vistas de Estocolmo y, de paso, conocer su espectacular interior, con un montón de salas lujosas donde se celebran eventos tan importantes como el famoso banquete de los premios Nobel.

▲ Circular por Estocolmo en bicicleta es seguro gracias a los carriles bici.

▼ La torre del Ayuntamiento ofrece unas magníficas vistas de la ciudad.

Un poco de historia

10000 a.C. Tribus nómadas procedentes de Siberia y Finlandia, así como germanos venidos del sur, constituyen los primeros vestigios humanos encontrados en Suecia.

750-800 d.C. Se funda, en una isla situada a poca distancia al este de la actual capital, el asentamiento vikingo de Birka.

1000 Sigtuna, al norte de Estocolmo, sustituye a Birka como capital de Suecia.

1252 Estocolmo es citada por primera vez en la historia en dos cartas escritas por Birger Jarl, noble sueco considerado como uno de los fundadores del país.

1279 La catedral (*Storkyrkan*), la iglesia más antigua de Gamla Stan, es mencionada por primera vez.

1292 El rey sueco Magnus Ladulås es enterrado en la iglesia de los Caballeros (*Riddarholmskyrkan*), lo que da a Estocolmo una importancia fundamental como sede del poder político del país.

1350 La Peste Negra diezma la ciudad.

1388 Estocolmo recibe el título oficial de ciudad y todos los derechos correspondientes de la mano del rey Albrekt de Meckemburg.

1392 Los ejércitos de la reina Margrethe I de Dinamarca sitian la ciudad.

1419 Estocolmo es nombrada oficialmente capital de Suecia.

1520 El rey danés Kristian II derrota a Sten Sture el Joven e invade Suecia, tras lo cual, y faltando a su promesa, manda ejecutar a casi un centenar de nobles, clérigos y burgueses próximos al nacionalismo sueco en la masacre que

▶ Grabados rupestres de Tanum, Patrimonio de la Humanidad de la Unesco desde 1994.

se conoce como el "Baño de Sangre de Estocolmo" (*Stockholms Blodbad*).

1523 Gustav Vasa, considerado el padre de la patria sueca, conquista Estocolmo y expulsa definitivamente a los daneses del país. Con este monarca Suecia se convirtió al protestantismo, rompiendo los lazos con la iglesia de Roma y consolidando la soberanía de Suecia.

1611 Gustav II Adolf el Grande, cuyo talento militar elevará a Suecia a la categoría de gran potencia militar del norte de Europa, es coronado rey de Suecia.

1625 Un incendio destruye la parte sudoeste de Gamla Stan.

1632 Muere Gustav II Adolf en la batalla de Lützen y comienza la regencia de la reina Kristina bajo el mando de Axel Oxenstierna, uno de los más preeminentes estadistas que ha dado la historia de Suecia.

1648 La Paz de Westfalia, que pone punto final a la devastadora Guerra de los Treinta Años, otorga a Suecia grandes territorios en toda la orilla del Báltico, lo que convierte a este país en la potencia política más importante de la Europa septentrional.

1654 Kristina abdica a favor de Karl X Gustav, que continuó con el desproporcionado esfuerzo económico que suponía para Suecia, un país relativamente pequeño y pobre, mantener sus posesiones imperiales.

1658 Se firma el Tratado de Roskilde por el que Suecia se anexiona una gran parte de Dinamarca y otras regiones escandinavas y alcanza, así, la mayor extensión territorial de toda su historia y se convierte en el tercer mayor imperio de Europa solo superado por Rusia y España.

1660 Karl XI, máximo representante del absolutismo en Suecia se convierte en rey del imperio.

1697 Karl XII, el rey más belicoso de la historia moderna de Suecia, es coronado unos meses después de que el antiguo Palacio Real de Estocolmo fuera total-

▲ Estatua ecuestre de Gustav II Adolf en la plaza del mismo nombre.

▲ El Teatro Real fue inaugurado en 1788.

mente destruido por el fuego. Comienza el ocaso de Suecia como potencia militar.

1771 Gustav III, gran reformador de la historia de Suecia, es coronado rey y restaura el absolutismo monárquico, lo que supuso una edad de oro de las artes y las ciencias suecas.

1773 Se construye el edificio del Teatro de la Ópera.

1788 Se levanta el Teatro Real.

1792 El rey Gustav III es asesinado en un baile de máscaras celebrado en el Teatro de la Ópera, hecho que inspiraría a Verdi su obra *Un baile de máscaras*.

1809 Finlandia, parte del imperio sueco desde el siglo XII, pasa a manos de Rusia y se aprueba el *Instrumento de Gobierno*, una suerte de Constitución liberal que otorga al Parlamento el poder legislativo compartido con la corona.

1814 Noruega se convierte, oficialmente y a costa de Dinamarca, en parte del nuevo reino de Suecia-Noruega.

1818 Jean Baptiste Bernadotte, un antiguo mariscal de Napoleón, es coronado rey de Suecia con el nombre de Karl XIV Johan, lo que da origen a la dinastía actualmente reinante en el país.

1871 Se inaugura la Estación Central de Estocolmo.

1905 Noruega logra la independencia definitiva de Suecia. Así, el territorio nacional sueco se perfila en la forma que mantiene hoy día.

1906 Se determina el sufragio universal masculino y se establece una democracia representativa sobre la base de un sistema electoral proporcional.

1914 Suecia se declara neutral en la Primera Guerra Mundial.

1920 En las primeras elecciones realizadas por sufragio universal, Hjalmar Branting resulta vencedor y conforma el primer gobierno socialdemócrata de la historia de Suecia (y de todo el mundo).

1932 Con Per Albin Hansson y sus sucesores, Tage Erlander y Olof Palme, se desarrolla un período de casi medio siglo de gobiernos socialdemócratas que dio lugar a la construcción del famoso "Estado del Bienestar" sueco.

1939 De nuevo se declara neutral en la Segunda Guerra Mundial.

1951 Comienzan las obras del metro de Estocolmo.

1973 Los curiosos incidentes ocurridos a raíz del atraco a un banco dan lugar a la acuñación del concepto de "Síndrome de Estocolmo".

1975 Se promulga la nueva Constitución, que reduce el papel de la corona al de simple representación simbólica del Estado, y establece un sistema democrático de representación proporcional basado en un Parlamento unicameral.

1986 Olof Palme, Primer Ministro de Suecia, es asesinado mientras regresaba con su mujer del cine en pleno centro de Estocolmo.

1995 Suecia entra a formar parte de la Unión Europea tras una ajustada victoria del sí en el referéndum de 1994.

2003 Anna Lindh, Ministra de Asuntos Exteriores por el Partido Socialdemócrata, es asesinada en un centro comercial de Estocolmo. Además, un referéndum sobre la entrada en el euro acaba en rechazo a la adopción de la moneda única europea.

2010 Inauguración del Citybanan, un nuevo túnel ferroviario que atraviesa el centro de Estocolmo.

2017 Ataque terrorista en Drottninggatan, una calle peatonal en el centro de Estocolmo, que dejó varios muertos y heridos.

2020 Estocolmo, al igual que el resto del mundo, se vio afectada por la pandemia de COVID-19, pero evitó el confinamiento estricto.

2022 En octubre de 2022 es elegida como alcaldesa de Estocolmo Karin Wanngård, que ya había ejercido el cargo de 2014 a 2018.

2024 Se celebra en Estocolmo el Festival DreamHack, un evento para los amantes de los videojuegos y la cultura *geek*.

▲ Hoy convertido en una atracción turística, el metro de Estocolmo se empezó a construir en 1951.

Naturaleza y paisaje

Estocolmo y sus alrededores están llenos de hermosos parques y jardines. Aquí se detallan algunos de los más destacados:

Djurgården

Djurgården es una isla y parque nacional urbano en el centro de Estocolmo. Es un lugar perfecto para pasear, hacer picnics y disfrutar de la naturaleza. También alberga varios museos y atracciones, como el Museo Vasa y el parque de atracciones Gröna Lund.

Kungsträdgården

Kungsträdgården, o "El Jardín del Rey", es uno de los parques más antiguos y populares de Estocolmo. Es famoso por sus cerezos en flor en primavera y por ser un lugar de encuentro para eventos y conciertos.

Hagaparken

Hagaparken es un parque histórico al norte de Estocolmo, conocido por sus paisajes pintorescos y edificios históricos, como el Pabellón de Gustavo III

▼ Cuando empieza la primavera el color se apodera de los senderos de Djurgården.

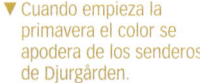

y el Pabellón Chino. También alberga el Palacio de Haga, residencia de la familia real sueca.

❚ Rosendals Trädgård

Rosendals Trädgård es un jardín biodinámico en Djurgården. Es un lugar ideal para disfrutar de la horticultura, comprar productos orgánicos y relajarse en su cafetería.

❚ Bergianska Trädgården

El Jardín Botánico Bergianska es un jardín botánico en el norte de Estocolmo, cerca del lago Brunnsviken. Cuenta con una amplia variedad de plantas y flores de todo el mundo, así como invernaderos y áreas de investigación.

❚ Tantolunden

Tantolunden es un parque en el distrito de Södermalm, conocido por sus colinas, áreas de juego y jardines comunitarios. Es un lugar popular para actividades al aire libre y eventos culturales.

▲ En los invernaderos del Rosendals Trädgård hay una gran variedad de plantas y flores.

Personajes famosos

▌Gustavo Adolfo de Suecia (1594-1632)

Reinó en Suecia desde el 30 de octubre de 1611 hasta su muerte el 6 de noviembre de 1632, a la edad de 37 años. Se le atribuye la transformación de Suecia en una gran potencia europea. Considerado uno de los más grandes comandantes militares modernos, Gustavo Adolfo convirtió a Suecia en una de las principales fuerzas militares de Europa durante la Guerra de los Treinta Años.

▌Alfred Nobel (1833-1896)

Fue un químico, ingeniero e inventor sueco. En esta última faceta fue muy prolífico y poseía 355 patentes diferentes. Conocido sobre todo como el inventor de la dinamita, se preocupaba por cómo sería recordado después de su muerte y legó su fortuna a la institución del Premio Nobel. También fue un viajero incansable y dominaba varios idiomas.

▲ Placa de Alfred Nobel en el Ayuntamiento.

▌Olof Palme (1927-1986)

Ex primer ministro de Suecia, Olof Palme lideró el Partido Socialdemócrata Sueco desde 1969 hasta 1986 y se convirtió en uno de los políticos suecos de mayor renombre internacional. Destacado abogado, comenzó su carrera política como secretario personal del primer ministro Tage Erlander y luego ocupó los ministerios de Educación y Transportes. El 28 de febrero de 1986 Palme fue asesinado por un desconocido mientras paseaba en compañía de su esposa. Las causas del crimen aún no han sido esclarecidas.

▼ Tumba de Olof Palme en el cementerio de la iglesia de Adolf Fredrik, en el centro de Estocolmo.

❚ Greta Garbo (1905-1990)

La icónica estrella de cine sueco-estadounidense Greta Garbo es recordada por sus personajes melancólicos. Saltó a la fama con películas mudas como *A Woman of Affairs* ("La mujer ligera") y películas sonoras como *Mata Hari* y *Anna Karenina*. Fue nominada cuatro veces al Óscar de la Academia, pero no ganó ninguno hasta que no le dieron uno honorífico en 1954, premio que no fue a recoger. Dejó el cine a los 36 años y posteriormente vivió una vida sin apariciones públicas.

▲ Greta Garbo.

▼ Ingrid Bergman.

❚ Ingrid Bergman (1915-1982)

Ingrid Bergman, una de las mejores actrices suecas de todos los tiempos, fue galardonada con 3 premios Óscar (*Gaslight, Anastasia* y *Asesinato en el Orient Express*) y cinco Globos de Oro. El papel más memorable de Bergman fue su interpretación de Ilsa Lund en *Casablanca*. Actriz con un profundo sentido de la libertad, Bergman expresó sus puntos de vista en contra de la segregación racial. Su escandalosa relación, en la época (de 1950 a 1957), con el director de cine Rossellini, hizo que fuera declarada *persona non grata* en territorio estadounidense.

❚ Benny Andersson (1946-)

Nacido en el seno de una familia de acordeonistas, Benny Andersson fue uno de los miembros y el principal autor de la música de la icónica banda sueca ABBA, conocida por temas legendarios como *Dancing Queen* y *Mamma Mia*. Incluso después de que ABBA se disolviera, continuó trabajando en proyectos como el musical *Chess* y *Mamma Mia!* y en la actualidad sigue en activo.

❚ Björn Borg (1956-)

Es un extenista sueco cuya carrera deportiva se desarrolló en tan solo nueve años entre 1973 y 1981, logrando vencer en ese período 96 torneos (66 del circuito ATP), incluidos los 11 títulos de Grand Slam que ya había ganado con 24 años: 5 consecutivos en Wimbledon y 6 en Roland Garros. También ganó 2 ATP World Tour Finals o Masters de fin de año. Se retiró con tan solo 26 años de edad; su intento de regresar en 1991, con 36 años de edad, acabó en un rotundo fracaso. Además de sus virtudes tenísticas, el estilo de su ropa, calzado, raquetas y, por supuesto, su cinta de pelo y larga melena rubia, era constantemente imitado.

10

Lugares
inolvidables

Gamla Stan

La zona medieval de Estocolmo, además de constituir el verdadero corazón histórico y cultural de la ciudad, es uno de los puntos fuertes para cualquier viajero.

Lo más recomendable es acceder a la isla que conforma esta zona desde el norte, atravesando el **puente Riksbron** que conduce hacia el patio y los arcos del **Parlamento** (Riksdaghuset) y, posteriormente, al pequeño **puente Stallbron**.

Se llega a la plaza abierta de **Mynttorget**, donde se plantean dos opciones: quien tome el camino de la izquierda, por Högvaktsterrasen, llegará al imponente edificio del **Palacio Real** (Kungliga Stottet), tras él, a la **catedral** (Storkyrkan) y, después, a la plaza mayor de Stortorget, donde destaca el edificio de la **Bolsa** (Börshuset).

Desde la plaza de Mynttorget, se puede seguir de frente por la calle **Prästgatan**, arteria principal de Gamla Stan. A partir de aquí, lo mejor es seguir por esta angosta calle, dejarse rodear por la maraña de turistas y olvidarse por un rato del mapa. Los innumerables restaurantes, las pintorescas tiendas, las elegantes placitas y, sobre todo, el ambiente son una delicia para los sentidos. Y nada mejor para

▶ Mynttorget, "la plaza de la Moneda", en el casco antiguo de Estocolmo.

disfrutarlo del todo que tomando un helado o una cestita de fresas suecas. Al final de Prästgatan, quien desee disfrutar al máximo de Gamla Stan debería girar a su derecha y, asombrarse ante la figura de aire industrial del **Katarinahissen**, en la orilla opuesta de Södermalm. Así se llega a una plaza desde la que se puede ver la fachada de la **Casa de los Nobles** o Riddarshuset.

Si se atraviesa el puente, se llega a la **Isla de los Caballeros** (Riddarsholmen), en cuya plaza se levantan las puntas de la estilizada **iglesia de los Caballeros** (Riddarsholmkyrkan). Al atravesarla, se llega a una magnífica vista del monumental edificio de ladrillo rojo: el **Ayuntamiento de Estocolmo** (Stadshuset), al otro lado del estrecho.

Para concluir este recorrido por Gamla Stan se puede retomar el camino hacia la Casa de los Nobles, continuar hacia la plaza de Mynttorget, y bordear la fachada del Palacio Real. Desde este lado se disfruta de una vista preciosa del elegante paseo de **Södre Blasieholmshamnen**, del perfil del **Museo Nacional**, del puente de hierro de **Skeppsholmsbron** y, al fondo, de la verde **isla de Skeppsholme**n, en cuya orilla se mece la blanca y esbelta figura del velero *Af Chapman*.

▲ Mårten Trotzigs gränd, la calle más estrecha de Estocolmo.

El Vasa y la isla Djugården

2

La isla de Djugården es un lugar ideal para dar un paseo a pie o en bicicleta y descubrir los dos museos más interesantes de la ciudad: el Museo del Vasa (Vasamuseet) y el Skansen.

La boscosa isla de Djugården, la más grande y oriental de las tres que conforman el centro de la ciudad de Estocolmo, es el hogar del Museo del Vasa o **Vasamuseet**. En él se exhibe el enorme navío de guerra Vasa, una auténtica joya de la todopoderosa marina sueca del siglo XVII. La sola presencia del barco, con 64 cañones, 80 toneladas de peso y capacidad para albergar a 300 soldados, es impresionante, y su trágico destino no hace sino aumentar su atractivo para quien lo observa. El viajero disfrutará de horas de entretenimiento con multitud de explicaciones, documentos y audiovisuales que ayudan a recrear la época en la que el Vasa se fue a pique y las dificultades de la misión que en el siglo XX logró rescatarlo de las profundidades.

Info

- 📍 43C3
- ✉ Galärvarvsvägen 14
- 🕐 Mar-lun 10-17 h, mie 10-20 h
- 🌐 www.vasamuseet.se

▼ En el Vasaamuseet se puede ver el galeón Vasa, que naufragó en 1628 en su viaje inaugural.

Pero, además del Vasa, la isla de Djugården dispone de otros atractivos muy recomendables para el viajero. El más recomendable de ellos es el **Skansen** (▶52), un museo al aire libre en el que el viajero, además de poder caminar por una delicia de arboledas y verdes prados, encontrará una rica muestra de construcciones típicas de la Suecia tradicional con la que aprenderá y apreciará la forma de vida más auténtica de este pueblo. Situado muy cerca del Museo del Vasa se levanta el hermoso edificio renacentista del Museo Nórdico (**Nordiska museet**). Entre sus paredes encontramos una extensa colección de artes aplicadas y decorativas que recuperan la historia y las tradiciones del país, así como exposiciones temporales y diversas sorpresas (▶54). Y, por último, no estaría de más, antes de abandonar la isla de Djugården, hacer una visita al **Parque de Atracciones Gröna Lund** (▶55). Aunque no es el más grande ni el más sofisticado de Suecia, sí es el más antiguo y el que conserva su encanto de antaño con más éxito.

Gröna Lund

🕐 43C3-4
✉ Lilla Allmänna Gränd 9
🕐 Horario muy variable según la época del año, véase la web
🍽 Caro
🌐 www.gronalund.com
🍴 Varios restaurantes y cafeterías

▼ El parque de atracciones más antiguo de Suecia es el Gröna Lund.

El Ayuntamiento

3

Uno de los edificios más curiosos y notables de toda la ciudad es el Ayuntamiento (Stadshuset). Su gran masa de ladrillo naranja, enfrentada a las aguas del lago casi como un mascarón de proa, no suele dejar indiferente a nadie.

Info

- 🕐 42C2
- ✉️ Hantverkargatan 1
- 🕐 Variable, véase la web
- 🌐 https://stadshuset.stockholm
- 🍴 Restaurante
- 📷 3
- ♿ Excelente

▶ El Ayuntamiento de Estocolmo está situado en el extremo oriental de la isla de Kungsholmen.

Desde la **Sala Azul** hasta el sublime **Salón Dorado**, con el original e impactante mosaico en oro de la reina del Mälaren, la visita no tiene desperdicio. No obstante, el viajero no debe limitar a disfrutar de la solemnidad de sus salones, donde los ecos de la majestuosidad parecen impregnarlo todo. De hecho, es probable que lo mejor del Ayuntamiento sean las fabulosas vistas de la ciudad que se pueden admirar desde lo alto de su **torre**. Quienes se atrevan con sus 365 escalones verán recompensados sus esfuerzos con la **panorámica** más hermosa que se pueda imaginar de Gamla Stan. Un atractivo extra de este edificio es que entre sus muros se celebra cada año el **banquete de honor de los premios Nobel** (▶62).

Los muelles de Estocolmo

4

Como hemos dicho, Estocolmo está construida sobre islas. Todo su casco urbano se sitúa en el encuentro entre el mar Báltico y el lago Mälaren y eso hace que visitar esta ciudad sin contemplarla desde el agua sea como perderse la mitad de su atractivo.

El viajero hallará en los distintos muelles de Estocolmo infinidad de embarcaciones de todo tipo pertenecientes a distintas compañías que ofrecen recorridos más o menos amplios por los recovecos que separan las islas. Entre ellas, una de las más recomendables es **Red Sightseeing Stockholm** (*www.redsightseeing.com/stockholm*), con barcos que salen cada hora y 8 paradas diferentes en los que por 20 euros se puede subir y bajar sin límites, tienen WiFi gratuito a bordo, y audioguías en 14 idiomas para conocer intrigantes historias sobre la ciudad. Además tienen recorridos en autobús.

Otra posibilidad es el recorrido "Stockholm Hop On-Hop Off Boat", operado por barcos de la compañía **Stromma** (*www.stromma.com*), con más o menos las mismas características por un precio de 25 euros.

Por último, la compañía **M/S Vindhem** (*https://vindhem.com*) ofrece una experiencia distinta con cruceros en los que se incluye una cena tipo bufé con música en directo; el embarque es a las 18 h y el precio ronda los 60 euros.

Info

- 🕐 42-43C2-3
- ✉ Centro histórico
- 🕐 Cruceros: diario 10-16.30 h (10-14 h en invierno)
- 🍴 Restaurantes
- 🅱 Moderado

▼ Los cruceros tienen su punto de partida en las inmediaciones del Grand Hotel.

La isla Skeppsholmen

5

En el extremo noroeste del puente Skeppsholms-bron, que conecta la parte continental de la ciudad con la islita de Skeppsholmen y desde el cual se puede disfrutar de unas bonitas vistas de esta parte de Estocolmo, se perfila junto al agua el edificio del Museo Nacional, la pinacoteca más notable del país.

Info

🕐 43C3
🚇 Al este de Gamla Stan
🕐 Museos: diario 10-18 h
🍴 Restaurantes
📷 65
♿ Moderado

▼ Sala de estatuas en el Museo Nacional.

E l **Museo Nacional** (▶60) es recomendable para los amantes del arte escandinavo, y los que tengan interés por la pintura europea. Su colección permanente incluye obras de figuras como Rembrandt, Renoir, Rubens o Goya, así como lienzos fundamentales de los más grandes artistas nórdicos, como Roslin, Sergel, Zorn o Carl Larsson.

Al otro lado del puente, en la isla de Skeppsholmen, hay dos curiosos museos: el **Museo de Antigüedades Orientales** (▶60), que guarda una colección de arte chino, japonés, coreano e indio, y por otro lado, el **Museo Moderna** (▶61), que reúne un meritorio conjunto de obras de arte contemporáneo y vanguardista en un magnífico edificio de mediados de los 90. Entre sus propuestas destacan lienzos firmados por Picasso, Dalí o Matisse, así como exposiciones temporales más que curiosas de múltiples formatos y tendencias.

Vida nocturna

Salir de marcha en Estocolmo es imprescindible para ver como se toman la vida. La noche, sobre todo en verano, es como una enorme fiesta regada con cervezas, cócteles y un interminable aporte de champán.

6

El viajero que quiera aventurarse de noche por las terrazas, los pubs más en boga se verá rodeado por un número insólito de bellezas rubias de ambos sexos más numerosas que en los países mediterráneos. Pero, a pesar de su fama de fríos, lo cierto es que los noctámbulos de Estocolmo suelen mostrarse simpáticos con los mediterráneos y bastante interesados por las culturas ajenas. La oferta de música en directo, sobre todo jazz, es magnífica. Las mejores zonas de marcha de la ciudad son dos: **Östermalm** y Södermalm. En la plaza de Stureplan, situada en el barrio de Östermalm, se encuentran las discotecas y los pubs más selectos de Estocolmo. Los locales más punteros desde hace años son *Sturecompagniet,* uno de los clubes más grandes y populares con varias pistas de baile, y *Spy Bar*, conocido por su ambiente exclusivo y su clientela de moda, aunque también *V* es un club elegante que ofrece una mezcla de éxitos actuales y clásicos, todo mezclado por los mejores DJ.

Quienes busquen algo por los bares del barrio de **Södermalm**, al sur de Gamla Stan, deberán optar por *Mosebacke Etablissement,* una combinación de música en vivo, DJ sets y ambiente acogedor con una terraza de vistas impresionantes, y *Trädgården*, un club al aire libre muy popular durante el verano, ubicado debajo del puente Skanstull, con ambiente relajado, aunque quizás la mejor sala para disfrutar de la música en directo sea *Debaser*.

Y para quienes se alojen cerca de **Norrmalm** y no quieran alejarse para ir en busca de ambiente nocturno pueden probar suerte en el distinguido *Café Opera* o el gigantesco *Berns Salonger,* local icónico de Estocolmo conocido por su impresionante edificio con varias pistas de baile y una gran variedad de música. Otras opciones cuando menos curiosas son el *ICEBAR Stockholm*, una experiencia única en Estocolmo, donde todo, incluyendo los vasos, está hecho de hielo, el *Fasching Jazz Club,* un club de jazz que ofrece una gran variedad de música en vivo, incluyendo jazz, blues y salsa, y el *Cadierbaren*, ubicado en el Grand Hotel, conocido por sus cócteles y su ambiente acogedor, perfecto para relajarse.

Info

🕐 42-43BC2-3
✉ Centro de Estocolmo
🍴 Restaurantes, discotecas

▼ En Estocolmo hay muchas discotecas con buen ambiente nocturno.

El Palacio Real de Drottningholm

7

A unos 12 km al oeste de Estocolmo, al borde de las aguas del lago Mälaren, se encuentra uno de los edificios más espectaculares de toda Suecia: el Palacio Real de Drottningholm o Drottningholm Kungahuset.

Info

- 🕐 F.p.; por 42C1
- ✉ Drottningholm Palace, al oeste de Estocolmo
- 📱 www.kungligaslotten.se
- 🕐 Sáb, dom y festivos 10-16 h
- 🍴 Restaurante y cafetería
- ♿ Moderado

Este lugar, primer monumento declarado Patrimonio de la Humanidad en este país, es la actual residencia de la familia real sueca y por su fabulosa ubicación, sus cuidados jardines y la belleza de sus edificaciones, bien merece una escapada de una mañana de duración.

El conjunto arquitectónico fue levantado a finales del siglo XVII por Tessin el Viejo a partir de los cánones del más refinado estilo versallesco. Junto a la artística decoración interior del edificio, lo más famoso y reputado del conjunto es su **teatro ba-**

rroco, una muestra única en su género, y su curioso **pabellón chino** (*entrada conjunta*), un complicado edificio rococó situado en la zona sudoeste de los jardines y adornado con decoración inspirada en el lujo oriental más recargado.

En un día soleado, nadie debe dejar de disfrutar de sus dos enormes y preciosos jardines principales: el **jardín barroco**, situado frente al edificio principal del complejo, con sus rectas avenidas y su geométrica disposición, y el **jardín inglés**, dotado de hermosos lagos, bucólicos puentes y amplias arboledas.

Hay dos formas de llegar hasta el palacio en transporte público. Una es apearse en la parada de metro de **Brommaplan** y, desde allí, coger los autobuses **323** o **301**. La otra consiste en tomar el barco de la compañía **Strömma** que lleva desde el **muelle de Stadshuskajen**, frente al Ayuntamiento de Estocolmo.

▲ Lujosa sala del Palacio de Drottningholm (*Drottningholms Slott*).

▼ Jardines y parte trasera del Palacio.

El archipiélago de Estocolmo

8

Ninguna visita a Estocolmo será completa sin un periplo, por breve que sea, por algunas de las incontables islas que salpican las aguas en las que se asienta la ciudad.

Info

 70-71

Alrededores de Estocolmo

Compañías Strömma, Kanalbolaget y Waxholmsbolaget

Como el viajero puede comprobar en el apartado dedicado al archipiélago de Estocolmo (▶76), dedicar un tiempo a recorrer los infinitos estrechos e islotes que se dibujan en la tortuosa área donde se mezclan las aguas del lago Mälaren y las del mar Báltico es una delicia tanto para los amantes de la naturaleza y el aire libre como para quienes sientan curiosidad por conocer más de cerca la historia del pueblo sueco. No sin razón, cada vez son más los urbanitas de Estocolmo que aprovechan sus vacaciones para disfrutar de unos días en alguna de las cabañas y chalés que abundan en toda la región.

De las múltiples posibilidades que existen, los destinos más recomendables son Vaxholm y Birka. **Vaxholm** es el destino más popular del archipiélago para los turistas, por lo que, por un lado, no debe dejar de visitarse y, por otro, hay que tratar de evitar los días y las horas de mayor afluencia de público. Lo mejor de esta población marinera es su casco urbano, adornado con preciosos edificios típicos del siglo XIX, su puerto, una estampa única al atardecer, y su fortaleza, antiguo bastión desde el que los reyes suecos dominaban las aguas del archipiélago.

Por su parte, **Birka** es un asentamiento vikingo de enorme importancia histórica que, por su relevancia comercial y estratégica, constituyó la primera ciudad sueca reconocida como tal. Aunque, en realidad, no conserva ninguna de sus construcciones originales, resulta interesante tanto por el viaje en barco, como por su pequeño museo, una joya para los aficionados a la historia de los vikingos.

Pero, además, el viajero puede disfrutar de otras islas y poblaciones, como las antiguas minas de hierro de **Utö**, el animado paseo marítimo y las casas de madera de **Sandhamn**, los bosques al borde del Báltico de **Finnhamn**, el faro de **Arholma**, el parque nacional de **Ängsö**, los cañones y defensas de **Siaröfortet** o el laberinto pagano de **Landsort**.

La mejor forma de visitar el archipiélago es en barco con los servicios de las compañías Strömma Kanalbolaget y Waxholmsbolaget.

▶ Coloridas casas escandinavas junto al agua en el término de Vaxholm.

ABBA The Museum

9

Un lugar fundamental para los fanáticos de la música, donde conocer más a fondo la historia de esta icónica banda sueca que ganó el Festival de Eurovisión en el año 1974 con la canción *Waterloo*.

L a **isla de Djurgården**, al este de la ciudad, es un lugar de recreo y cultura ya que además de un parque, alberga algunos de los museos y atracciones más importantes de Estocolmo. Una vez traspasada la **Puerta Azul**, antigua entrada al coto real de caza, y tras superar el Nordiska Museet y otros museos menores, se llega al ABBA The Museum, no solo un lugar para ver objetos históricos de la banda, sino también para vivir una experiencia inmersiva en la magia de la banda cantando y bailando al ritmo de sus éxitos.

En el interior, se puede comprobar cómo sería ser el quinto miembro de ABBA, cantar en el Polar Studio, ver los trajes originales, sus discos de oro y otros objetos personales de los miembros del grupo musical. Además hay **karaoke** en diversos lugares y se puede subir a un **escenario con hologramas** de Agnetha, Björn, Benny y Frida. Cada cierto tiempo se programan **exposiciones especiales** como la de 2024 para conmemorar el 50 aniversario de *Waterloo*, la canción que catapultó a ABBA a la fama internacional.

No hay duda que para los seguidores de la banda será una experiencia inolvidable, mientras que a los menos aficionados al menos les resultará entretenida.

Info

- ⊕ 43C3
- ✉ Djurgårdsvägen 68
- ⊕ Diario 10-18 h (9-20 h en verano)
- ♿ Excelentes
- 🏛 Moderado

▲ Entrada al museo.

▼ Las figuras de los miembros de ABBA dan la bienvenida al visitante.

Metro de Estocolmo

Cada una de sus 100 estaciones está decorada con esculturas, mosaicos, pinturas y otras obras de arte creadas por más de 150 artistas. Es como un museo subterráneo para contemplar mientras se realizan desplazamientos por la ciudad.

10

Posiblemente la mejor opción sea contratar alguna de las visitas guiadas que organizan las agencias, en las que se comentan datos sobre la historia, las anécdotas y los autores más interesantes, pero si se prefiere ir descubriendo a medida que se visita la ciudad estas serían alguna de las estaciones más llamativas y originales:

Rådhuset: con paredes que dejan ver la roca natural sin esculpir dando la sensación de formar parte de un sistema de cuevas naturales.

T-Centralen: es la estación central y la única que está conectada a las tres líneas del metro por lo que es la más transitada de Estocolmo; su decoración se basa en los colores azul y blanco.

Kungsträdgården: su decoración está inspirada en la vida vegetal y animal, semejando un jardín subterráneo.

Thorildsplan: con decoración de azulejos inspirada en los videojuegos.

Solna Centrum: en ella predominan los colores verde, del bosque, y rojo, de la puesta de sol, a los que se añadieron diversos murales.

Stadion: otra estación que deja ver la roca natural con un arco iris gigante.

Tekniska Högskolan: para celebrar los avances en temas científicos y tecnológicos.

Info

✉ Da servicio a toda la ciudad
🎟 Máquinas expendedoras

▼ Andén de la parada Stadion del metro de Estocolmo con la roca de las paredes pintadas con los colores del arco iris.

La
visita

La **visita** de **Estocolmo**

No resulta fácil orientarse en Estocolmo. Su peculiar perfil crea un escenario muy particular en el que las calles y las hermosas fachadas se abren sin previo aviso a las aguas y a sus innumerables embarcaciones casi sin solución de continuidad. Lo mejor para no perderse es dividir la ciudad en zonas. Además, para sacarle el máximo provecho a la visita habría que verla desde todos sus ángulos, esto es, desde tierra, desde el agua y desde el aire, ya que los vuelos en globo sobre el casco urbano son una práctica cada vez más en boga y, desde luego, una experiencia poco común.

▌Isla de Stadsholmen

Estaría en el mismo centro del mapa. Sobre ella se dibuja el tortuoso trazado de Gamla Stan (Ciudad Vieja) que, con sus estrechas callejas de piedra, sus restaurantes, sus tiendas y sus bellos edificios, es, sin duda, el área más famosa y frecuentada por los turistas.

En el centro de Estocolmo se encuentra situada la isla de **Stadsholmen**, custodiada por los pequeños islotes anejos de Riddarholmen, en su lado oeste, y de **Helgeandsholmen**, al norte. La mejor manera de recorrer esta zona es acceder a ella por su parte septentrional, atravesando el **puente Riksbron**.

▌PARLAMENTO (RIKSDAG) ✱

El puente Riksbron da entrada a los arcos del edificio del Parlamento. Se trata de una imponente construcción que, junto al Museo Medieval, ocupa todo el islote de Helgeandsholmen. Además de las sesiones del Parlamento sueco y aprender más sobre la historia y la arquitectura del edificio, la visita guiada muestra las salas más destacables, algunas con notables pinturas, esculturas, dibujos y tapices, en total hay alrededor de 4.000 obras.

En el Riksplan, frente al edificio del Parlamento del este, se encuentra la obra de arte *Come as you are!* de la artista Astrid Göransson, que se erigió en junio de 2022 con motivo de la celebración del 100 aniversario de la democracia en el Parlamento sueco y que representa a las cinco primeras mujeres del Riksdag llevadas por dos jovenes de esta época.

¿Sabías que...?

Aunque el sentido del vocablo *Stockholm*, denominación original en sueco de la capital, no queda claro, los expertos indican que podría significar "el islote de los troncos" (*Stock*: tronco; *holm*: islote), haciendo referencia al hecho de que antes se utilizaban las aguas del estrecho que rodea Gamla Stan para transportar madera.

◀ Gamla Stan y la iglesia Riddarholmen.

· · · · · · · · · ·

🕐 42C2
✉ Riksgatan, 2
🕐 Visitas guiadas gratuitas en inglés y sueco; de septiembre a junio sábados, domingos y festivos, en verano también entre semana
🖥 www.riksdagen.se

▼ Edificio del Parlamento (*Riksdag*).

ESTOCOLMO

Torsplan

Sankt Eriksgatan

Torsgatan

Vin-och
Sprithistoriska
Museet

Vanadis-
plan

Sankt Eriksgatan

Karlbergsvägen

Odengatan

Nortullsgatan

Vanadisvägen

Upplandsgatan

Dalagatan

Vanadis-
lunden

Sveavägen

Frejgatan

Frejgatan

Vasastaden

Odengatan

Jarla-
plan

Engelbrekts
kyrkan

Östra
Station

ODENPLAN

Oden-
plan

Stadsbiblioteket

RADMANS GATAN

Karlavägen

Kungstensgatan

Immanuels-
kyrkan

Engelbrektsg.

Gustav
Vasa
Kyrkan

Odengatan

Norrtullsg.

Handelshögskolan

Eriksbergs-
plan

Birger Jarlsgatan

**Humle
garder**

SANKT ERISPLAN

Sankt
Eriksplan

**Vasa-
parken**

Kungstensgatan

Uppландsgatan

Drottninggatan

Sveavägen

Tegnérgatan

Yohannes
kyrkan

**Ke
Bib**

Torsgatan

Tegnérgatan

Strindbergsmuseet

Adolf Fredriks kyrkan

Humlegårdsgatan

Sankt Eriksgatan

Barnhusbr.

Klarastrands

Riksförsäkringsanstalten

HÖTORGET

Kungstornen

Sture
plan

Birge

FRIDHEMSPLAN

Fleminggatan

Klarastrandsleden

Norra
Bantorget

Konserthuset

Hö-
torget

Kungsgatan

Sveavägen

Norrmalm

Hallwylska
Museet

Kronobergs-
parken

Kungsholmsgatan

Kungs-
gatan

Vasagatan

Sergels
Torg

Hamngatan

Pa
Be

Kungsholmen

Scheelegatan

Klarabergsg.

Kulturhuset

Rådhuset

RÅDHUSET

Kungsholms
kyrka

Kungsholms-
torg

Klarabergsviadukten

S:t Jacobs
kyrka

Medelhavs-
musset

Arsenals

Kungliga

Landstinget

Polhems-gatan

Hantverkargatan

Centralstationen
Cityterminalen

G. Adolfs
Torg

Ström
bron

Norr Mälarstrand

Serafimerlasarettet

Tegelbacken

Fredsg.

Kungliga

Norr Mälarstrand

**Stockholms
stadshus**
Stadshusbron

Centralbron

Vasabron

Riksdag

Slottet

Livru

MÄLAREN

Riddarfjärden

Riddarhuset

Storkyrka

Riddarholmskyrkan

Munkbroleden

Stora Nygatan

S:ta Gertru

Långholmen

Centralbron

Sluss
plan

Söder Mälarstrand

Söder Mälarstrand

Slusser
Stadsmuseet
i Stockholm

Heleneborgsgatan

Högalidsgatan

Långholmsgatan

Högalidsgatan

ZINKENSDAMM

Hornsgatan

Leksaks-
museum

Södermalmstorg

Södergatan

Götgatan

Söderg

Hornstull

MARIATORGET

Hornsgatan

Wollmar Yxkullsgatan

Södra
station

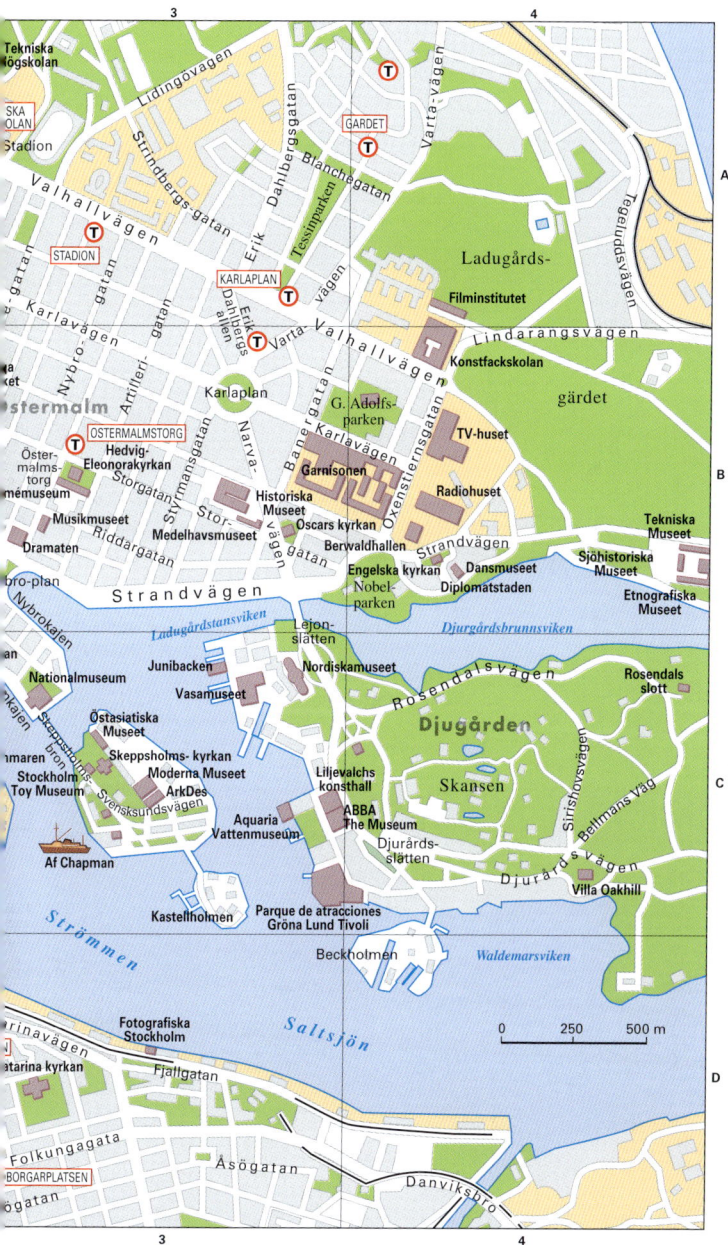

MUSEO DE ARTE MEDIEVAL ★★

Dedicado a la historia de la ciudad desde el siglo XIII hasta el siglo XVI, incluye restos arquitectónicos y otros elementos de relativo interés para conocer la historia de la vida en la ciudad medieval, el surgimiento de Estocolmo y el desarrollo del casco antiguo.

Está en proceso de reubicación por lo que en el verano de 2025 se abrirá un **centro de visitantes** en el patio de la catedral de Estocolmo, al lado del edificio de la Bolsa en Stortorget, en el casco antiguo, que contará además con una tienda y una pequeña exposición. El nuevo Museo de Arte Medieval se ubicará en el sótano de la catedral y en el edificio de la Bolsa, que alberga también la Academia Sueca, el Museo Nobel y la Biblioteca Nobel.

Mientras tanto, el museo sigue organizando actividades y visitas guiadas para conocer el Estocolmo medieval.

● 42C2
✉ Stortorget 2
🕐 Temporalmente cerrado hasta que se reabra en esta nueva ubicación
🌐 https://medeltidsmuseet.stockholm

PALACIO REAL (KUNGLIGA SLOTTEN) ★★★

El palacio es la residencia oficial de Su Majestad el Rey y aquí tienen lugar actos significativos de representación de la monarquía, mientras que gran parte del palacio está abierto a las visitas durante todo el año. El palacio actual (hubo otros dos anteriores) fue diseñado en estilo barroco por el arquitecto Nicodemo Tessin el Joven en 1697 y fue terminado en 1760. Cuenta con más de 600 habitaciones repartidas en once plantas, con las salas de desfile orientadas a la ciudad y las salas de estar más pe-

● 42C2
✉ Kungliga slottet
🕐 Diario, de 10-16 h
💰 Moderada
🌐 www.kungligaslotten.se

▼ Las zonas más privadas del palacio están dentro de lo que se llama Apartamentos Reales.

queñas al patio interior. Incluye cuatro lugares que encierran interés para el viajero: los Apartamentos Reales, la Cámara del Tesoro, el Museo de las Tres Coronas y el Museo de Antigüedades de Gustav III.

En los **Apartamentos Reales** cuya entrada se sitúa en el patio principal, y donde se pueden admirar varias salas dedicadas a las órdenes de caballería establecidas por la corona sueca: la de los Vasa, la Estrella del Norte, la Espada y el Serafín. Destaca la gran **Sala del Reino**, que guarda el trono de plata de la reina Kristina, y es escenario de algunos de los eventos más relevantes de la familia real. Los salones de invitados, los de Estado y los de Bernadotte, de los siglos XVIII y XIX, con sus retratos de reyes y reinas, sus tapices y su barroca ornamentación, forman un conjunto de salas de diversos estilos – especialmente, el neoclásico–, entre cuyos muros son agasajados los diplomáticos extranjeros y otros invitados ilustres, como los ganadores de los premios Nobel, que disfrutan de la cena celebrada en su honor entre los espejos de la fastuosa **galería de Karl XI**, inspirada en la Sala de los Espejos de Versalles.

La **Cámara del Tesoro** (*Skattkammaren*; acceso por la entrada sur del palacio), engloba una gran variedad de joyas, coronas, cetros, espadas pertenecientes a la monarquía sueca desde los tiempos de Gustav Vasa. El **Museo de las Tres Coronas** (*Museum Tre Kronor*) muestra los restos recuperados de la antigua fortaleza medieval que existió en el actual emplazamiento del palacio.

▲ Verja de entrada al Palacio Real.

▼ La lujosa Galería de Karl XI está inspirada en la Sala de los Espejos de Versalles.

El **Museo de Antigüedades de Gustav III** (*Antikmuseum*) custodia las antigüedades clásicas romanas adquiridas por este peculiar monarca. Destacan especialmente las esculturas y, entre ellas, el *Endimión durmiendo*, en recuerdo a aquel hijo de Zeus al que el gran dios griego bendijo con un sueño perpetuo para que se mantuviera joven y hermoso eternamente y así pudiera amar a la Luna eternamente.

Son muy populares los vistosos **Cambios de Guardia** y el **Desfile de la Guardia** que tienen lugar en el patio principal del palacio todos los días alrededor de las 12.15 h (consultar *www.forsvarsmakten.se*) con la participación de una banda de música militar y, en ocasiones, guardia montada a caballo.

La eterna monarquía sueca

Suecia, al igual que sus vecinos noruegos y daneses, nunca ha dejado de ser, a lo largo de su ya milenaria historia, una monarquía. Aunque es cierto que las sagas nórdicas ya relataban la existencia de antiguos reyes semi legendarios relacionados con los dioses paganos anteriores al cristianismo, el primer rey sueco del que se tiene constancia histórica fue **Erik Segersäll**, que gobernó el país en el año 1000. Desde entonces, varias dinastías han reinado en Suecia hasta la actual **Casa Real de los Bernadotte** sin que jamás se haya puesto seriamente en duda la legitimidad o conveniencia de esta forma de gobierno.

La razón de esta solidez de la monarquía radica, entre otros complejos factores, en la identificación absoluta e inequívoca que existe entre la Corona y el propio concepto de nación sueca. Esto, unido a la relativa homogeneidad cultural, lingüística y étnica de la población del país, hace que la idea de una Suecia sin corona no tenga cabida en la cabeza de mayoría de los ciudadanos. Y esto ha sido así también debido a que la Corona se ha amoldado perfectamente al parlamentarismo y la democracia, perdiendo poco a poco su poder real y pasando a constituir lo que hoy es: un mero símbolo de la nación más allá de tendencias políticas, culturales o religiosas.

I CATEDRAL DE SAN NICOLÁS (STORKYRKAN) **

Al otro lado del edificio del Palacio Real se abre la plaza de Stottsbacken, en cuya cabecera se levanta la catedral (Storkyrkan). La catedral de Estocolmo, construida en el siglo XIII, es el edificio más antiguo de la ciudad. Su aspecto externo no resulta nada vistoso, si bien el interior es muy interesante. El estilo gótico de sus diversas restauraciones y remodelaciones ha dado lugar a cinco grandes naves de columnas nervadas y bóvedas reticuladas construidas en el típico ladrillo rojo de muchas construcciones suecas, material que crea una atmósfera cálida y dorada en el interior.

Además de las numerosas tumbas de reyes y notables, el majestuoso tríptico elaborado en ébano y plata sobre el altar mayor, el impresionante púlpito y los magníficos tronos reales, lo más notorio de la catedral es la escultura de *San Jorge y el dragón*. Situada en la nave izquierda de la iglesia, próxima al altar, se trata de una enorme talla en madera policromada y cuerno de alce realizada por Bernt Notke de Lübeck a finales del siglo XV, para conmemorar la victoria del héroe nacional Sten Sture en la batalla de Brunkeberg (1471) sobre las tropas invasoras danesas lideradas por el rey Christian I de Dinamarca. En los lados de la plaza de Stottsbacken se encuentran la Armería Real y el Gabinete Numismático Real.

⊙ 43C3
✉ Trångsund 1
⊙ Diario 9.30-17 h
⊜ Moderado.
🖳 www.svenskakyrkan.se

▲ El austero exterior de la Catedral de San Nicolás contrasta con su vistoso interior.

⊙ 42C2
✉ Slottsbacken 3
⊙ De martes a domingo
   de 11-17 h
💾 Moderado,
   gratis hasta los 18 años
🔗 https://livrustkammaren.se

▼ Carruaje histórico
  expuesto en la Armería
  Real.

▌ ARMERÍA REAL (LIVRUSTKAMMAREN)   ✱

La Livrustkammaren no es más que un muestrario de ropajes reales entre los que se encuentran el traje que lucía Gustav III durante el baile de máscaras en el que fue asesinado o el que el beligerante Karl XII llevó en la batalla de Fredriksten, donde encontró la muerte. Se pueden admirar algunos carruajes de regio esplendor, armas y armaduras de varias épocas y las barrocas vestimentas de niños de antiguas cortes.

Los otros dos edificios destacables de esta zona de la ciudad son la iglesia de los Caballeros, sobre el islote de Riddarholmen, y la casa de los Nobles, en la punta noroeste de Stadsholmen.

⊙ 42C2
✉ Birger Jarls Torg 2
⊙ Abre entre mayo
   y septiembre
💾 Moderado
🔗 www.kungligaslotten.se/
   Riddarholmskyrkan

▌ IGLESIA DE LOS CABALLEROS
(RIDDARSHOLMKYRKAN)   ✱✱

Con su perfil gótico de afiladas puntas y esbeltas torres, domina la melancólica isla de los Caballeros. Fue construida como monasterio por el rey Magnus Ladulås para los franciscanos en el siglo XIII y, actualmente guarda los escudos y blasones de los miembros de la gran orden del Serafín, que honra con su concesión a jefes de Estado, reyes, reinas y príncipes de todo el mundo. Esta iglesia es el panteón más notable de toda Suecia, ya que en sus entrañas guarda las tumbas y los mausoleos de los monarcas más relevantes de la centenaria historia del país.

Los más destacados son los sepulcros de Magnus Ladulås (siglo XIII) y Karl VIII Knutsson (siglo XV), frente al altar mayor; el sarcófago en mármol negro de Karl XII (siglo XVII-XVIII) flanqueado por los de la reina Ulrika Leonora y Frederik I (siglo XVIII), junto al coro; y los restos de Karl X y Karl XI (siglo XVII), en el hipogeo que hay a la izquierda (Cripta Carolina).

En la **Capilla Gustaviana**, en el muro de la derecha, se guardan los sepulcros de Gustav II Adolf (siglo XVII) y Gustav III (siglo XVIII), entre otros. A continuación, la **capilla de los Bernadotte** guarda la tumba del fundador de la dinastía actualmente reinante en Suecia, Karl XIV Johan (siglo XIX), y sus sucesores. Toda la pared izquierda de la iglesia está dividida en diversas capillas ocupadas por generales y mariscales notables de la historia del país.

| CASA DE LOS NOBLES (RIDDARHUSET) ✽

Es un hermoso edificio construido a finales del siglo XVII que albergó las sesiones del Parlamento sueco desde 1668 hasta 1865, cuando todos los representantes eran miembros de la nobleza. En el **Gran Salón** se pueden ver los escudos de armas de las 2.345 familias con rango nobiliario del país, de las cuales aún viven algo más de 600. También son imponentes las colecciones de pinturas y de porcelanas que enriquecen el edificio.

- 42C2
- Riddarhustorget 10
- En reforma en 2024, véase la web
- www.riddarhuset.se

UN PASEO A PIE

Por la isla de Stadsholmen

Distancia
1,5 km

Duración
3 horas con las visitas

Punto de partida
Västerlånggatan

Fin de trayecto
Frångsund

| Además de los mencionados lugares de interés, lo cierto es que toda la isla de Stadsholmen forma un delicioso e intrincado laberinto de calles angostas flanqueadas por edificios de colores que el viajero debe saborear a pie, con pausa y sosiego.

Las incontables tiendas de artesanías, ropas, cuadros y otros recuerdos encandilarán al paseante en su caminar, mientras que los restaurantes que abundan en casi todas las calles harán del almuerzo o la cena un momento inolvidable.

| La ruta básica es la que recorre la "V" que forman las calles de Västerlånggatan y Österlånggatan, luego toma Köpmansgatan hasta la plaza de Stortorget, y termina al final de la pequeña calle de Frångsund, al principio del trayecto.

A este paseo deben unirse también las calles paralelas de Stora Nygatan y Lilla Nygatan, llenas de restaurantes y tiendas para todos los gustos.

El este: la isla de Djurgården

La gran isla de Djurgården, al este, antiguo coto real de caza, con su enorme bosque, su parque de atracciones y, sobre todo, sus magníficos museos, es uno de los platos fuertes de Estocolmo.

Para llegar aquí, además de a pie o en bicicleta a través el puente Djurgårdsbron, se pueden tomar varios medios de transporte: el tranvía de época que sale de Norrmalmtorg; los autobuses número 47 y 69, que parten de la Estación Central, o el 44, desde Karlaplan; y el ferry Djurgårdsfärjan, que une la isla con Nybroplan y Slussen.

Los dos principales museos de Djurgården (el Museo del Vasa y Skansen) son imprescindibles para el viajero que quiera conocer lo mejor de la ciudad.

MUSEO DEL VASA (VASAMUSEET)   ★★★

El Vasamuseet no es solo el museo más famoso de Suecia, sino uno de los más espectaculares e interesantes de toda Europa. En el inconfundible edificio que lo alberga, se guarda el **Vasa**, la enorme y sobrecogedora nave de guerra construida en el siglo XVII cuyo increíble naufragio inaugural en las aguas de Estocolmo es motivo de asombro para todos. El buque se conserva intacto y su impresionante presencia es motivo suficiente para visitar la capital.

Además del barco en sí mismo, el museo exhibe en sus siete plantas multitud de objetos relacionados con la historia del buque y de la otrora temida

· · · · · · · · ·

⊙ 43C3
✉ Galärvarvsvägen 14
⊙ De 10-17 h
⊟ Moderado
☎ www.vasamuseet.se
🎫 De 9-17.30 h

▼ En el interior del museo del Vasa destaca la impresionante presencia del barco de guerra.

flota de guerra sueca, así como proyectos de investigación y elementos interactivos diversos que permiten imaginarse desde el proceso de construcción del buque hasta la dura vida de los marineros.

La historia del Vasa

Durante el siglo XVII el rey Gustav II Adolf de Suecia, el monarca más grande de la época dorada de esta nación, luchaba por consolidar y expandir su imperio del Báltico. La principal carta con la que contaba era una poderosa armada que pretendía convertir en la más letal del norte de Europa con la construcción de barcos nuevos y aún más terribles. La joya de ese proyecto era un buque único, una nave distinta a las construidas hasta el momento destinada a ser la máquina de guerra más poderosa de todo el mundo, un barco capaz de sembrar el terror entre las flotas enemigas gracias a su inigualable capacidad de fuego y su irresistible fortaleza.

El constructor holandés encargado de poner en marcha este ambicioso objetivo, Henrik Hybertsson, ideó un navío de características inéditas hasta la fecha, con un castillo de proa mucho más elevado de lo normal y un casco capaz de albergar nada menos que 64 cañones y una tripulación de 450 hombres.

El rey, impaciente por ver su sueño hecho realidad y por poder asestar a su gran enemigo del momento, Polonia, el golpe de gracia, presionaba sin descanso a Hybertsson hasta que, solo tres años después del comienzo de su construcción, el barco fue terminado. Así, en el verano de 1628, ante una expectante y abigarrada multitud apostada en las orillas de Estocolmo, el Vasa, así llamado en honor a la victoriosa dinastía reinante en Suecia, zarpó por primera vez. Todos admiraron con orgullo la majestad con la que la flor y nata de su armada comenzaba a deslizarse sobre las aguas de la capital del imperio hasta que, poco a poco, la nave comenzó a zozobrar levemente, causando cierta inquietud entre los notables invitados locales y extranjeros. Los desesperados esfuerzos de la marinería no surtían efecto y el navío comenzaba a escorarse de forma clara ante la incredulidad de los congregados, que no podían dar crédito a sus ojos. Por último, y sin que nadie pudiera evitarlo, ante la consternación general, la nave se fue a pique sin remedio. Cuando el rey, ausente de Suecia en esas fechas, fue informado del extraordinario desastre, la cólera y la indignación se apoderaron de él y reclamó castigo para los culpables, aunque, finalmente, nadie resultó condenado.

Los estudios realizados en épocas recientes indican que este monumental naufragio se debió, por un lado, a la prisa con la que el monarca sueco quiso disponer del buque y, por otro, al propio diseño del Vasa. El tremendo peso que suponían los cañones, la relativa estrechez del casco y, sobre todo, la excesiva altura del navío, no permitían una navegación segura. La única solución hubiera sido cargar las bodegas con una cantidad mayor de piedras que pudieran servir de contrapeso suficiente.

El malogrado barco durmió el sueño de los justos bajo las aguas y el fango hasta que, tras muchos esfuerzos, el equipo de Anders Franzén logró izarlo sobre la superficie del agua. Corría el año de 1961 y nada menos que 333 años habían pasado desde el pasmoso hundimiento.

No hay que perderse en ningún caso el estupendo **documental** sobre las vicisitudes del Vasa desde su nacimiento hasta hoy (*visita en español a las 11.20 h y las 16.40 h*), ni los incontables textos explicativos.

En los aledaños del edificio principal se pueden admirar el **rompehielos Sankt Erik**, de 1915, y el **barco-faro Finngrundet**, de 1903, ambos con horarios algo más restringidos que el resto del museo. Al menos dos horas serán necesarias para disfrutar de este extraordinario y único lugar.

▌MUSEO SKANSEN ★★★

• • • • • • • • •
🕐 43C4
✉ Djurgårdsslätten 49-51
🕐 De 10-15 h; de mayo a septiembre de 10-18 h
💶 Moderado-Caro
💻 https://skansen.se
🍴 Varios restaurantes y cafeterías

Es el museo al aire libre más antiguo del mundo. Fue inaugurado en 1891 por Artur Hazelius con el objetivo de enseñar al público cómo vivían las gentes del país en épocas pretéritas. En la actualidad, sus 30 ha de extensión albergan más de 150 construcciones antiguas traídas de las cuatro esquinas de Suecia y un interesante zoológico con acuario, además de muchos parques y zonas arboladas.

Lo más notable son los edificios típicos de la zona este del museo, casas que en su día fueron zapaterías, herrerías, farmacias, panaderías o chamarilerías y donde el visitante podrá ver cómo los artesanos de antaño trabajaban productos como el cristal, la arcilla, el latón o el pan. Tampoco conviene perderse los conjuntos más notables de viviendas de época de distintas regiones de Suecia, como Delsbogården, Moragråden, Finngråden, Oktorpsgården o Skåne-gården, donde se puede aprender mucho sobre la vida en otros tiempos.

La **iglesia Roja de Seglora**, junto al pequeño estanque central del museo (en cuya plaza se celebran bailes folclóricos y se toca música tradicional), es un notable edificio de madera en el que los suecos aún hoy gustan de celebrar sus bodas. En todas estas construcciones hay empleados ataviados con trajes de época que están para informar al visitante.

La otra gran atracción, además de los edificios históricos, es el **Zoo**, en la zona norte del recinto, donde el viajero podrá admirar en vivo algunos de los animales más característicos de la fauna nórdica, como el alce, el reno, el oso pardo, la foca, el lince, el glotón, el zorro o el lobo.

El museo está situado en una colina a cuya parte alta se puede llegar en **funicular** desde la puerta de Hazelius, una entrada situada en la parte oeste del recinto, a los pies de la loma (*de 10 h a 17 h*). Para

▲ Iglesia Roja de Seglora.

▼ Entrada al Museo Skansen en la isla de Djurgården.

no perderse nada, es más que recomendable adquirir el mapa explicativo que venden en la taquilla.

Dentro del recinto del Skansen, junto a la entrada principal, se encuentra el **Acuario** (*Skansenakvariet; abierto de 10 a 20 h*). En este lugar se pueden observar distintas especies de primates enanos, reptiles, aves, peces, arácnidos y anfibios de diversas regiones del planeta.

▼ Edificio del Museo Nórdico en el maravilloso entorno de la isla Djurgården.

- 43C3
- Djurgårdsvägen 6-16
- De 10-17 h
- Moderado
- www.nordiskamuseet.se
- Cafetería-restaurante

▌MUSEO NÓRDICO (NORDISKA MUSEET) ✱✱

Además del Vasa y el Skansen, otro atractivo de Djugården es el **Nordiska museet**, situado en uno de los edificios más hermosos de Estocolmo. Fue fundado en 1872 y construido en estilo renacentista entre los años 1889 y 1907. En su interior alberga distintas colecciones dedicadas, principalmente, a la cultura y las tradiciones suecas desde el siglo XVI hasta la actualidad. La tradición, que tan importante papel desempeña en la conciencia y la forma de ser de los suecos, es expuesta y explicada con gran detalle y sensibilidad en este museo.

El museo cuenta con cuatro plantas. Las más interesantes son la **última**, con una amplia exposición de arte rural y aplicado, así como de arquitectura y decoración de interiores, la **tercera**, con infinidad de objetos relacionados con la vida cotidiana en el país a lo largo de los últimos 500 años (desde tapices hasta zapatos, pasando por casas de muñecas, vestidos o muebles) y una colección permanente de pinturas y fotografías del insigne y peculiar August Strindberg, y la **planta baja**, con interesantes ejemplos de arte aplicado del pueblo sami.

La isla aún guarda tres sorpresas más: un parque de atracciones, un museo para niños y el ABBA The Museum.

GRÖNA LUND ★★

Parque de atracciones situado en la punta sudoeste de la isla, el más antiguo de Suecia y, aunque antes no se podía decir que fuera fabuloso, con el paso de los años ha ido incluyendo divertidas y escalofriantes montañas rusas y algunas máquinas destacables, como la **Fritt Fall** (una escalofriante caída libre de 80 m en seis segundos), el **Extreme** o la **Spökhuset** (Casa Encantada). Un día de diversión asegurado para toda la familia.

43C3-4
Lilla Allmänna Gränd 9
Horario muy variable según la época del año, véase la web
Caro
www.gronalund.com
Varios restaurantes y cafeterías

JUNIBACKEN ★

Ubicado muy cerca del Vasa, es un pequeño y colorido museo para el público infantil y dedicado al universo literario de la escritora Astrid Lindgren, autora de la famosa *Pippi Calzaslargas* ("Pippi Langstrup", en sueco).

43C3
Galärvarvsvägen 8
De 9-17 h; lunes cerrado
www.junibacken.se

ABBA THE MUSEUM (▶36) ★★★

▼ Parque de atracciones Grona Lund.

▌Parte continental: Norrmalm y Östermalm

Al norte de la Gamla Stan se extiende la ciudad nueva. Además de ser el área que dispone de más servicios y actividad comercial, esta parte del centro, la única realmente continental, está dividida en dos barrios: Norrmalm y Östermalm.

Los mayores atractivos, además de las discotecas y los elegantes paseos, son sus museos y teatros de prestigio.

▌PLAZA GUSTAV ADOLFS TORG   *

Podemos comenzar la visita a esta zona de la ciudad en esta plaza dominada por una gran **estatua ecuestre del rey Gustav II Adolf** y situada frente a la fachada de la **Teatro Real de la Ópera** (*Kungliga Operan*), obra neobarroca de Anderberg del siglo XIX con un lujoso interior en el que se representan funciones de ópera y ballet. En 1989 se sometió a una profunda renovación que le dió el aspecto actual.

▌MEDELHAVSMUSEET   *

Si dejamos la plaza tomando la calle Fredsgatan nos toparemos con el Medelhavsmuseet. Se trata del único museo sueco dedicado íntegramente a las **culturas de la cuenca mediterránea y el Oriente Próximo**. Además de diversas colecciones de restos arquitectónicos y artísticos de Egipto, Turquía, Persia, Mesopotamia, Roma y Grecia, destaca sobremanera la excelente exposición de arte chipriota, sin parangón en todo el mundo. Además, se puede ver una interesante exposición de arte islámico del siglo VII al XIX.

▌PLAZA SERGELS TORG
▌Y KUNGSTRÄDSGÅRDEN   **

La calle Fredsgatan se cruza con la gran calle peatonal **Drottninggatan**, desde la que se llega a la Sergels Torg. Esta enorme plaza tiene dos niveles: uno subterráneo, donde está la estación de metro y numerosas tiendas de todo tipo, y otro a ras de suelo. Este último está marcado por la gran **fuente de cristal en forma de torre**, en el centro, y por la enorme estructura de la **Kulturhuset**, en su lado sur. Este edificio alberga un gigantesco centro cultural donde se celebran exposiciones y otros eventos de interés.

⊙ 42C2

Teatro Real de la Ópera
✉ Gustav Adolfs torg 2
⊟ De barato a caro, según localidad
♿ Excelente
🍽 Restaurante y cafetería
🕐 www.operan.se

⊙ 42C2
✉ Fredsgatan 2
🕐 De 11-20 h, lunes cerrado
⊟ Barato
♿ Excelente
🍽 Bagdad Cafe
🕐 www.medelhavsmuseet.se

▼ Detalle de la base en la estatua ecuestre de Gustavo II Adolf.

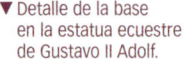

▲ Sergels Torg, plaza peatonal con una original fuente de cristal en forma de torre.

Si dejamos atrás Sergels Torg y continuamos por Hamngatan hacia el este, llegamos a **Kungsträdsgården**, una gran plaza de alargado perfil con un amplio parque que llega hasta las aguas. Estos antiguos jardines reales, donde se celebran conciertos y otros eventos durante los meses de buen tiempo, son la zona preferida por los habitantes de la ciudad para tomar el sol y relajarse en verano y primavera. Está encabezada en su extremo sur por la **plaza Karl XII:s Torg**, dedicada al rey más belicoso de la historia moderna de Suecia.

▌ IGLESIA DE SAN JACOBO ✱

En la esquina sudoeste de Kungsträdsgården se levanta esta iglesia luterana, **S:t Jakobs kyrka**, un templo del siglo XVII con una llamativa fachada de color rojo y un elaborado altar barroco. El edificio, de tres naves, conserva una torre que fue reconstruida en 1739 por C. Hårleman.

● 42C2
✉ Västra Trädgårdsgatan 2A
● Cerrada por renovación durante 2025
☎ www.svenskakyrkan.se

▌ PARQUE BERZELII Y TEATRO REAL ✱✱

Si se regresa a Hamngatan y se continúa en dirección este, se llega a la plaza Norrmalmstorg, el centro financiero, de donde parte el tranvía a la isla de Djugården, y, a continuación, al pequeño **parque Berzelii**. Se trata de un agradable jardín público, dedicado al ilustre químico Jöns Jacob Berzelius (1779-1848), en cuyo cuidado césped suele encontrase mucha gente descansando en los hermosos días del verano. Está situado junto a **Nybroplan** y muy cerca del famoso **Teatro Real** (*Dramaten*), un

● 42B2

Teatro Real
✉ Nybroplan, 111
🍽 De barato a moderado
🍴 Restaurante y cafetería
☎ www.dramaten.se

bello y grandioso edificio de 1908 de estilo Jugendstil (el modernismo germano y nórdico) dedicado a las representaciones dramáticas. Esta precedido por dos bellas farolas del mismo estilo que el edificio.

PALACIO MUSEO HALLWYL (HALLWYLSKA MUSEET) **

Situado frente al parque se encuentra el Hallwylska Museet (*visitas guiadas en sueco e inglés y recorridos teatralizados con personas vestidas de época*). El palacio decimonónico de la noble familia Hallwylska, donado por sus dueños al Estado sueco en 1920, conserva en su interior, tal y como se encontraban originalmente, todos los muebles, la decoración interior y las amplísimas colecciones de pinturas, esculturas, arte aplicado y orfebrería de todas las épocas y lugares que Willhelmina von Hallwyl fue adquiriendo a lo largo de toda su vida. Una vuelta atrás en el tiempo hacia un esplendor barroco y decadente.

- 43B3
- Hamngatan 4
- De martes a viernes de 12-16 h, sábado y domingo de 11-17 h
- Barato
- No
- Restaurante
- hallwylskamuseet.se

MUSEO MILITAR (ARMÉMUSEUM) **

En pleno corazón de Östermalm se encuentra el inquietante Armémuseum. Los aficionados a las armas, a las recreaciones históricas con maniquíes vestidos con uniformes militares desde el siglo XVI hasta la actualidad o, incluso, a las "delicias" del arte medieval de la tortura pasarán un buen rato visitando sus tres plantas.

- 43B3
- Riddargatan 13
- De martes a domingo de 11-17 h
- Barato
- Restaurante y cafetería
- https://armemuseum.se

I MUSEO DE HISTORIA (HISTORISKA MUSEET) ✶✶

Un último museo importante en esta parte de la ciudad es el Historiska Museet. Ofrece interesantes colecciones basada en tres épocas fundamentales: la Prehistoria, la era de los vikingos y la Edad Media. Y lo hace en cinco salas distribuidas en dos plantas.

La más famosa es la **sala Dorada**, una estancia circular en la que se exponen infinidad de obras de orfebrería en oro y plata de incalculable valor que comprenden desde la Edad de Bronce hasta el siglo XVI. La muestra permite admirar la sorprendente habilidad de los artesanos del metal en épocas pretéritas para realizar filigranas increíblemente detalladas de gran belleza.

En la **sala de los Vikingos** se puede aprender más acerca de esta fascinante cultura de guerreros y comerciantes a través de restos arqueológicos como las rocas rúnicas. También diversas explicaciones audiovisuales permiten averiguar, por ejemplo, cómo las tendencias del romanticismo nacionalista de finales del siglo XIX o la propaganda nazi convirtió a los vikingos en modelos deformados de admiración.

En la **sala Gótica** pueden verse valiosas reliquias de arte sacro medieval, como tallas en madera, altares, pilas bautismales o restos arquitectónicos, mientras que en la **sala Textil** podremos disfrutar de ropajes y tapices de distintas épocas. La quinta sala, por su parte, está dedicada enteramente a la Prehistoria de Suecia.

I MUSEO NACIONAL DE CIENCIA Y TECNOLOGÍA (TEKNISKA MUSEET) ✶✶

Quien no ande escaso de tiempo puede acercarse al Tekniska Museet. Aunque está bastante alejado del centro, más allá del barrio de Östermalm, en el extremo este del casco urbano de Estocolmo, resulta una visita interesante y muy entretenida para toda la familia. Entre sus atractivos podemos encontrar **Wisdome Stockholm**, la primera sala de exhibición en 4DX de Suecia, donde no solo veremos espectaculares escenas en tres dimensiones, sino que seremos agitados en sus butacas móviles, sorprendidos por perfumes o brisas repentinas y hasta cubiertos por humos de artificio y burbujas voladoras (*entrada independiente*) y **MegaMind**, un divertido lugar para entrenar el cerebro. Además, el museo exhibe robots de última generación, reliquias tecnológicas de siglos pasados y todo tipo de explicaciones para comprender un poco mejor el críptico y fascinante mundo de la tecnología moderna.

⊙ 43B3
✉ Narvavägen 13-17
⊙ De martes a domingo de 11-17 h
⊟ Moderado
🍴 Restaurante Rosengården
🔗 https://historiska.se

▲ Entrada al museo.

⊙ 43B4
✉ Museivägen 7
⊙ De 10-22 h
⊟ Barato; con las entradas a exposiciones, moderado
♿ Excelente
🍴 Restaurante y cafetería
🔗 www.tekniskamuseet.se

El Museo Nacional y Skeppsholmen

El inconfundible puente de hierro forjado Skeppsholmsbron permite cruzar a la vecina islita de Skeppsholmen, que tiene, además de una iglesia, varios museos que pueden interesar al viajero.

▼ Desde la isla, el puente Skeppsholmen permite cruzar hacia el Museo Nacional de Suecia.

• • • • • • • • •

- 43C3
- Södra Blasieholmshamnen 2
- De martes a domingo, de 11-17 h
- Moderado
- Restaurante y cafetería
- www.nationalmuseum.se

MUSEO NACIONAL (NATIONALMUSEUM) ✱

Junto al comienzo del puente y antes de cruzarlo, el **Nationalmuseum** es el **museo de arte y diseño** de Suecia y fue fundado en 1792, lo que lo convierte en uno de los museos de arte más antiguos de Europa. Sus colecciones incluyen pinturas, esculturas, dibujos y grabados desde el siglo XVI hasta comienzos del siglo XX, mientras que las colecciones de artesanía y diseño se extienden hasta la actualidad. Todas las colecciones se muestran juntas a lo largo de una línea de tiempo imaginaria. Además, se celebran exposiciones temporales, a menudo con obras de arte tomadas de otras colecciones, públicas y privadas, de todo el mundo.

• • • • • • • • •

- 43C3
- Tyghusplan 4
- Cerrado por reformas; reapertura prevista en 2026
- www.ostasiatiskamuseet.se

MUSEO DE ANTIGÜEDADES ORIENTALES (ÖSTASIATISKA MUSEET) ✱

Uno de los primeros museos de la isla se alcanza nada más cruzar el puente y se trata del Östasiatiska Museet. Posee una notable colección de **cerámica, pintura y escultura de China, Japón, Corea** y la **India**. Además, programa exposiciones temporales sobre distintos temas relacionados con la cultura y el arte del Lejano Oriente tan variopintos como los cómics manga o los tatuajes nipones.

▮ MUSEO DE JUGUETES DE ESTOCOLMO (STOCKHOLM TOY MUSEUM) **

Esta fantástica colección es la más grande de su tipo en el norte de Europa. Es propiedad privada, de la familia von Schinkel, que ha estado coleccionando **juguetes y cómics** durante dos generaciones, durante más de 60 años. Desde 2017 se encuentra en una gruta adaptada especialmente para este propósito, en un entorno que agradará tanto a niños como mayores.

- 43C3
- Svensksundsvägen 5
- De 10-17 h
- Moderado
- Excelente
- Cafetería
- https://toymuseum.se

▮ MUSEO MODERNA (MODERNA MUSEET) **

Ascendiendo la colina que se extiende después del puente, se llega al Moderna Museet, un atractivo museo dedicado al **arte moderno y contemporáneo** desde principios del siglo XX. En la planta baja de este edificio, diseñado por el arquitecto español Rafael Moneo en 1998, se guardan las colecciones permanentes en las que conviven obras de artistas nórdicos reconocidos mundialmente y las de creadores internacionales de primer orden como Picasso, Matisse, Dalí, Duchamp o Miró, además de colecciones de fotografía de alto valor. En principio predominaban el arte sueco y nórdico, el modernismo de inspiración francesa y el arte estadounidense de las décadas de 1950 y 1960, pero ahora se han sumado obras de artistas femeninas pioneras desde el siglo XX y nuevo arte de un mundo globalizado.

Las salas de la planta inferior acogen obras de artistas escandinavos de cierto renombre o figuras suecas de nuevo cuño. En los **jardines** de alrededor se pueden ver llamativas esculturas de varios autores internacionales.

- 43C3
- Exercisplan 4
- De martes a domingo de 10-18 h
- Moderado
- Restaurante y cafetería
- www.modernamuseet.se

▲ Una sala del edificio del Moderna Museet.

▮ MUSEO DE ARQUITECTURA *

En un edificio anexo al Moderna, y accesible desde una entrada situada junto a la librería de este último, está el **ArkDes**. Se trata de un par de modernas y enormes salas dedicadas a la arquitectura en Suecia desde sus orígenes hasta la actualidad. Maquetas, fotografías, libros y multitud de otros elementos que permitirán al visitante hacer un didáctico y detallado recorrido por la geografía y la historia de la construcción en ese país.

Además de los museos, no estaría de más disfrutar de un bonito paseo por la orilla oeste de la isla desde donde se puede ver más de cerca el precioso navío de tres palos *Af Chapman*, el albergue más famoso de la ciudad (actualmente se encuentra en renovación; mientras tanto se puede utilizar el *STF af Chapman & Skeppsholmen Hostel,* al lado).

- 43C3
- Exercisplan 4
- De martes a domingo de 10-18 h
- Gratis
- Cafetería
- https://arkdes.se

El oeste: la isla de Kungsholmen y el Ayuntamiento

La isla de Kungsholmen, desde donde se podría decir que se gestiona la ciudad dada el gran número de edificios municipales y gubernamentales que atesora, se extiende al oeste del centro urbano.

AYUNTAMIENTO DE ESTOCOLMO (STOCKHOLMS STADSHUS) ★★★

⊙ 42C2
✉ Hantverkargatan 1
⊙ Visitas guiadas en español en verano, 10 h, 11 h, 12 h y 14 h. **Torre:** de mayo a septiembre
⊟ Moderada
🕿 www.estocolmo.es/ ayuntamiento-estocolmo

En la isla destaca la imponente y famosa mole del **Stockholms stadshus**. Este extraordinario y gigantesco edificio, construido entre 1911 y 1923 según la idea del arquitecto Ragnar Östberg, es conocido por dos razones: una, por constituir el máximo exponente del **estilo nacional romántico** sueco y, dos, por ser la sede donde se entregan los mundialmente famosos **premios Nobel**. Los ocho millones de ladrillos hechos a mano que lo conforman, típico material de construcción de la región de Escania, levantan un edificio cuadrangular en torno a dos patios al estilo renacentista italiano: la Sala Azul y el Borgargård.

Es en la **Sala Azul** donde cada 10 de diciembre se celebra la fastuosa cena de los Nobel y, también, donde comienza la visita guiada para el viajero. Tras los pasillos que suceden a esta Sala Azul, repletos de retratos y esculturas de los trabajadores que levantaron los muros con sus propias manos, se accede a la **Sala del Consejo**, lugar donde se celebran las reuniones de los representantes municipales bajo un peculiar y hermoso cielo raso de vigas al descubierto.

Después de atravesar otras salas, como el Arco de los Cien, la galería del Príncipe o el salón de las Tres Coronas, se entra por fin en el famoso **Salón Dorado**, una gigantesca estancia cuyas paredes están cubiertas por un espectacular e inconfundible mosaico compuesto por más de 18 millones de teselas entre las que predomina abrumadoramente el oro. La peculiar figura femenina de la *reina del Mälaren* domina todo este magnífico espacio en el que tiene lugar el baile tras la cena de los Nobel.

Se pueden subir los 365 escalones de la **torre**. La media hora que lleva lograr esta pequeña hazaña merece la pena cuando nos damos cuenta de las extraordinarias vistas de esta hermosa ciudad que se pueden disfrutar en un día soleado.

▼ Torre del Ayuntamiento.

Los premios Nobel

Creados por el ingeniero e industrial sueco Alfred Nobel, inventor de la dinamita, fueron entregados por primera vez en 1901 para honrar a aquellas personas que hubieran realizado los esfuerzos y logros más sobresalientes en cinco ámbitos de la actividad humana: la **Física**, la **Química**, la **Medicina**, la **Literatura** y la **Paz**. En 1968, el Banco Central de Suecia fundó el de **Economía**, galardón que completa el plantel de premios que se entregan en la actualidad. Los laureados no solo son honrados con una medalla conmemorativa, un diploma personal y un premio en metálico de 10 millones de coronas suecas, sino también –y sobre todo– con el máximo reconocimiento internacional y la consagración definitiva en su especialidad.

Entre los premiados a lo largo de sus más de 100 años de historia se encuentran **siete personalidades españolas**, cinco en la categoría de Literatura y dos en la de Medicina. Son, por orden cronológico, José Echegaray (1904), Santiago Ramón y Cajal (1906), Jacinto Benavente (1922), Juan Ramón Jiménez (1956), Severo Ochoa (1959), Vicente Aleixandre (1977) y Camilo José Cela (1989). Por su parte, Suecia cuenta nada menos que con 30 premiados que aúpan a este país al quinto puesto entre las naciones más distinguidas con el Nobel. Y es que, ¡no hay nada mejor que jugar en casa!

Una de las curiosidades de estos premios es la sorprendente ausencia de un galardón en Matemáticas. Las malas lenguas aseguran que la razón radica en el hecho de que Alfred Nobel fue rechazado por una mujer que prefirió a un célebre matemático de la época o, incluso, que el filántropo sueco fue engañado por su amante con dicho personaje. Voces razonables afirman que la única causa fue el poco interés que el fundador de los premios tenía por dicha ciencia.

❚ El sur: Södermalm

▼ Slussen es un sistema de esclusas y puentes entre Gamla Stan y la isla de Södermalm.

Si bien no es la zona con más museos o edificios monumentales de Estocolmo, sí se trata de un área interesante y muy viva. Aquí hay más bares, restaurantes y tiendas de moda, más gente joven y menos turistas.

❚ MUSEO DE LA CIUDAD DE ESTOCOLMO (STADSMUSEET I STOCKHOLM) ✶✶

• • • • • • • •

- 🕐 42D2
- ✉ Ryssgården
- 🕐 De martes a domingo de 11-17 h
- 💰 Gratis
- 🍴 Restaurante y cafetería

A la entrada de Södermalm está el Stadsmuseet i Stockholm, en el que en sus tres plantas se explica con maquetas, fotografías, obras artísticas y textos la historia de Estocolmo y sus habitantes, de sus edificios, sus puentes y de los proyectos de urbanismo que le han dado a esta urbe el perfil que tiene en la actualidad.

❚ MUSEO FOTOGRÁFICO DE ESTOCOLMO (FOTOGRAFISKA STOCKHOLM) ✶✶

• • • • • • • •

- 🕐 43D3
- ✉ Stadsgårdshamnen 22
- 🕐 De 10-23 h
- 💰 Caro
- 🍴 Restaurante premiado
- 🌐 https://stockholm. fotografiska.com

Fácilmente accesible desde Slussen en un agradable paseo por el muelle, el museo Fotografiska Stockholm está instalado en una antigua oficina de aduana de ladrillo y muestra un variado programa de exposiciones de fotografía contemporánea. Cada año se inauguran unas 15 exhibiciones, tanto de los fotógrafos más conocidos a nivel mundial como de la nueva generación de creadores de imágenes.

UN PASEO A PIE

Por la isla de Södermalm

Distancia
3 km

Duración
3 horas

Punto de partida
Slussen

Fin de trayecto
Fjällgatan

I La arteria principal que la atraviesa, **Götgatan**, es una buena muestra de la animación que caracteriza este barrio.

La conexión desde Gamla Stan se hace a través de **Slussen**, un complejo conjunto de puentes y vías de unión entre las dos islas junto al que se levanta la inconfundible y horripilante figura de **Katarinahissen** (ascensor de Katarina), una estructura de hierro que permite ascender a casi 40 m de altura para disfrutar de unas bonitas vistas de la ciudad desde su perspectiva meridional.

I A mano izquierda desde Slussen comienza la recomendable **Katarinavägen** y su continuación, **Fjällgatan**, una preciosa calle situada en lo alto de la pared que enfrenta la isla con el agua por su lado norte.

Las casas típicas de madera que la jalonan y sus magníficas vistas de la ciudad hacen que el paseo merezca la pena.

COMPRAS

Estocolmo no es, desde luego, la ciudad idónea para salir de compras. Los precios de ropa, artesanías, *delicatessen*, regalos y recuerdos en general son elevados y la oferta no es demasiado exótica.

Los productos más celebrados son las preciosas y célebres manufacturas suecas de **cristal**, sobre todo las de la región de Glassriket, feudo tradicional –y también actual– de esta industria. Los hermosos diseños de vasos, jarrones, ornamentos y esculturas son muy apreciados y no tienen rival en Europa, aunque pueden resultar caros a menos que se acuda directamente al fabricante.

Otros recuerdos típicos del país son los famosos **caballos de madera pintados**, oriundos de la región de Dalarna, las **miniaturas de casitas tradicionales** coloreadas, los **juguetes de madera** tallada y la **joyería en ámbar y plata**.

Algunas delicias inconfundiblemente suecas como el **arenque** o las **mermeladas** pueden ser regalos y recuerdos originales.

En los escaparates no es extraño encontrarse la palabra *Rea*. Es la apócope del vocablo *Realisation*, que significa lo mismo que la española Liquidación. Supone notables descuentos por cambio de temporada o local. Las Rebajas reciben el nombre de *Rabatt*.

La zona de Gamla Stan es la más turística de la ciudad, por lo que tienen precios muy altos para la calidad de su género. Aunque hay algunos locales de arte y antigüedades que pueden ser de interés, lo que más abunda son las siempre poco recomendables –aunque socorridas– tiendas de *souvenirs*. Las calles con más locales comerciales son **Västerlånggatan** y **Österlånggatan**.

Cuando se visite la isla de Djurgården para ver cualquiera de sus museos, no hay que perderse la tienda y salón de té de **Rosendals Trädgård** (Rosendalsterrassen, 12), una delicia para los sentidos. Sus mermeladas son algo exquisito.

En Norrmalm, la calle comercial por excelencia es **Drottingsgatan**. Aquí se hallan desde librerías hasta *boutiques* de todo tipo con los niveles de precios que los habitantes de Estocolmo están acostumbrados a pagar. Todos los grandes centros comerciales, como **Åhléns City** (Klarabergsgatan), **PUB** (Hötorget), **Gallerian** (Hamngatan) o el hermoso edificio de **Nordiska Kompaniet** (Hamngatan), tienen sus puertas en los aledaños de esta siempre concurrida calle.

En el elegante barrio de Östermalm no debería pasarse de largo el **mer-**

cado Östermalmshallen, donde, junto a los restaurantes, abundan todo tipo de tiendas de comida típica sueca. De cualquier modo, esta zona se caracteriza por tener las tiendas más exclusivas y más caras de toda la ciudad. Un paseo por el sofisticado centro comercial **Sturegallerian** (Grev Turegatan) dará fe de esta afirmación.

Un barrio muy interesante para encontrar tiendas curiosas y artículos más auténticos es Södermalm, especialmente

en la zona que está al sur de Folkungagatan y al este de Götgatan, un área a la que algunos llaman **SoFo** (Söder om Folkungagatan, esto es, al sur de la calle Folkungagatan), por comparación con el Soho londinense. Nada mejor que darse una vuelta por sus calles para hallar lo que no estábamos buscando. En esa zona se encuentra, por ejemplo, la famosa **Chokladfabriken** (Renstiernas Gata, 12), un auténtico paraíso para los amantes del chocolate en su estado puro, así como el local de **Designtorget** (Götgatan, 31), un colorido templo del diseño escandinavo más sugerente y atrevido. Quien desee disfrutar del afamado diseño sueco aplicado a la cotidianeidad o comprar algún artículo doméstico original debería echar un vistazo a alguno de los locales de la cadena **Design Torget**. Los más céntricos son los de Centralplan 15 y Sergelgatan 20.

Alrededores de **Estocolmo**

La belleza de Estocolmo no se limita a sus coquetas calles, sus hermosos edificios, sus museos y sus parques. Además de todo esto, la capital sueca disfruta de una localización magnífica entre una miríada de islas e islotes (se dice que son más de 24.000) que hacen de la salida al mar todo un laberinto. A este conjunto se le denomina el **archipiélago de Estocolmo** (*Stockholms Skärgård*) y es, sin duda alguna, una razón en sí misma para visitar Suecia. Ningún viajero debe dejar de disfrutar de sus atractivos durante, al menos, un día completo. Antiguos faros y fortalezas, olvidados pueblos vikingos, casas de madera de pescadores junto a suntuosas mansiones, solitarias playas y hermosos parajes casi intactos son solo algunos de sus puntos fuertes.

I Vaxholm

Situado a unos 35 km al este de Estocolmo, es el destino más cercano del archipiélago y uno de los más populares, tanto por su perfecta localización al ser puerta de entrada al resto de islas, como por su belleza.

Se trata de una preciosa y agradable población fundada en 1640 como bastión de defensa de Estocolmo que, a lo largo de los años, se ha desarrollado gracias a la pesca del arenque y, más recientemente, al turismo. Lo más interesante son los hermosos edificios decimonónicos de **Hembygdsgård**, en Norrhamn, el puerto situado al norte del centro urbano, con muchas casas de madera bien conservadas de principios del siglo pasado pintadas con los delicados tonos pastel típicos del archipiélago, así como la larga calle **Hamngatan**.

I FORTALEZA DE VAXHOLM ★★

En un islote situado al este del pueblo se levanta la **Vaxholm Kastellet**, construida por Gustav Vasa en 1548. Actualmente acoge el **Museo de Defensa** (*Fästnings Museum*), que cuenta la historia de esta fortaleza marina a lo largo de más de 500 años y del resto de bastiones que salpican todo el archipiélago. Además de la visita normal del museo, hay una emocionante visita guiada en la que se puede subir a bordo del barco **Minsveparen M 20**, un dragaminas de 1941.

- 🕐 71B3
- ✉ Kastellet 1, Vaxholm
- 🕐 De mayo a septiembre de 10-17 h
- 💺 Barato
- 🍴 Restaurante
- 🌐 www.vaxholmsfastning.se

▼ Fortaleza de Vaxholm vista desde el agua.

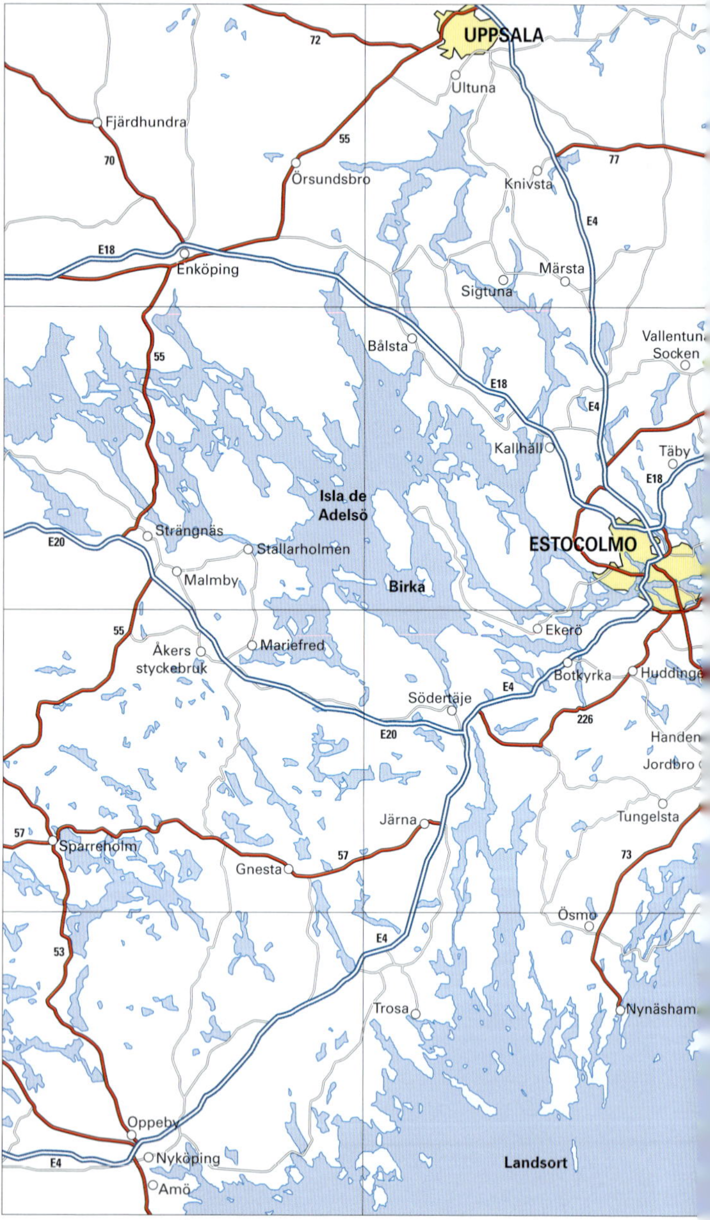

A

Fjärdhundra

72

UPPSALA

Ultuna

55

70

Örsundsbro

77

Knivsta

E4

E18

Enköping

Märsta

Sigtuna

B

55

Bålsta

Vallentuna
Socken

E18

E4

Kallhäll

Täby

E18

E20

Strängnäs

**Isla de
Adelsö**

ESTOCOLMO

Stallarholmen

Malmby

Birka

C

55

Åkers
styckebruk

Mariefred

Ekerö

Södertäje

E4

Botkyrka

Huddinge

E20

226

Handen

Jordbro

Tungelsta

57

Sparreholm

Järna

57

73

Gnesta

Ösmo

53

E4

Trosa

Nynäsham

D

Oppeby

Nyköping

Landsort

E4

Amö

Arholma

76

Rimbo

77

Norrtäje

E18

Kapellskär

E18

Bergshamra

P.N. de Ängsö

Bildö

Siaröfortet

Åkersberga

Finnhamn

Vaxholm

Boo

222

Djurö

Saltsjöbaden

Stavsnäs

Sandhamn

Tyresö

Dalarö

Utö

La distancia que separa Estocolmo de Vaxholm, unos 33 km, se puede hacer por carretera, en coche particular, taxi o en autobús desde la parada de transporte público de Tekniska Högskolan T-bana hasta Kronängsvägen; el viaje dura aproximadamente 47 minutos y cuesta alrededor de 42 SEK.

Pero el trayecto en barco, que dura aproximadamente una hora, resulta una opción mucho más recomendable. Dos compañías hacen esta ruta: Waxholms Bolaget (*https://waxholmsbolaget.se*), cuyos barcos zarpan tres veces a la semana desde el muelle de Stockholm Strömkajen, frente al Grand Hôtel, y SL, con varias salidas diarias del mismo muelle que la anterior; *https://sl.se*).

Una última opción sería combinando tren y autobús cogiendo el tren desde Stockholm Östra station hasta Arninge station, y luego el autobús desde Arninge station hasta Kronängsvägen. El viaje combinado dura aproximadamente 59 minutos.

Aunque es preferible hacer una excursión de un solo día a la isla, se puede pernoctar en el lujoso **Waxholms Hotell**, Hamngatan 2, http://waxholms-hotell.se o en el más económico **Bogesunds Slottsvandrarhem**, Per Brahes väg 1, *https://www.bogesundsvandrarhem.com*, a 4 km de Vaxholm.

Vaxholm tiene una **Oficina de Turismo** (Vaxholms Turistbyrå) a disposición del viajero en Rådhuset (*www.destinationvaxholm.se*), muy útil para orientarse en la búsqueda de restaurantes genuinos y tiendas pintorescas.

▼ En el archipiélago de Estocolmo destaca la isla de Vaxholm, con sus pintorescas casas de madera.

▮ Birka y Hovgården: el hogar de los vikingos

El asentamiento de Birka, situado en la **isla de Björkö**, fue la primera ciudad de Suecia que mereció tal denominación. Durante la mayor parte de la época vikinga, desde finales de siglo VIII hasta el X, Birka constituyó un centro político y comercial de primer orden. Su privilegiada situación, protegida de las aguas abiertas del mar y, a la vez, accesible para las embarcaciones de la época, hizo de ella un nodo principal de la amplia y próspera red comercial del Báltico.

Ya en el siglo X, esta ciudad, que en su etapa de mayor esplendor llegó a contar con casi 10.000 habitantes permanentes, fue sustituida como centro neurálgico del comercio vikingo por la cercana ciudad de **Sigtuna**, por razones aún desconocidas. Dos factores que pudieron ser determinantes fueron el cada vez mas difícil acceso a la isla, debido a la disminución de la profundidad de las aguas del lago a causa de la sedimentación del fondo y a la creciente utilización de embarcaciones de mayor calado para las expediciones comerciales.

▮ BIRKA ✳

Es importante por haber sido sede de la primera misión cristiana en Suecia, fundada en 831 por San Ansgar. Sus miembros, que formaron una comunidad minoritaria, aunque creciente, vivieron durante muchas décadas en paz y armonía con los oriundos habitantes paganos. A pesar de que no queda ningún resto visible de esta antigua ciudad (aparte de una iglesia medieval y algunos túmulos vikingos), resulta recomendable visitarla tanto por su significado cultural como por lo mucho que se puede aprender en su pequeño museo, **Birkamuseet**. En él se exponen maquetas de casas y barcos de la era vikinga, así como restos arqueológicos de la zona y otras interesantes explicaciones y fotografías de este antiguo asentamiento. Quizá sea más interesante la **Reconstrucción de la villa vikinga** (*Vikingabyn på Birka/Björkö*) donde se puede pasear entre las casas del pueblo vikingo, construidas exactamente igual que las casas de la ciudad antigua, en las que hábiles artesanos utilizan las mismas técnicas y herramientas de aquella época.

▲ Reconstrucción de la villa vikinga de Birka en la isla de Björkö.

⌚ 70B2

Reconstrucción de la villa vikinga
✉ Björkö 5
⌚ De mayo a octubre; muy variado, pero en general de jueves a domingo de 11.30-15.30 h
🍴 Moderado
🍽 Restaurante
🌐 www.birkavikingastaden.se

(foto: piedra rúnica en un prado)

● ● ● ● ● ● ● ●
⊙ 70B2
✉ Hovgårdsvägen, Adelsö
⊙ 24 h
🖥 Gratis
🌐 www.hovgarden.se

❚ ISLA DE ADELSÖ

Separada de la isla de Björkö por un pequeño estrecho de agua, en esta isla se levantaba el asentamiento de **Hovgården**, lugar de residencia del rey de los suecos durante la época de apogeo de Birka como centro económico y cultural del país. Es un sitio arqueológico que complementa la historia de Birka, donde se encuentran restos de asentamientos y tumbas vikingas. Tanto Birka como Hovgården son Patrimonio de la Humanidad de la Unesco desde 1993.

Para llegar tanto a Birka como a Hovgården la mejor opción es coger el ferry de Strömma Kanalbolaget que, en algo menos de dos horas, une el muelle de Stadshuskajen en Estocolmo (frente al Ayuntamiento) con las islas de Björkö, donde está Birka, y de Adelsö, en la que se encuentra Hovgården (*www.stromma.se*; con visita guiada y entrada al museo incluidas desde 280 SEK). Este viaje ofrece vistas espectaculares del lago Mälaren y las islas circundantes.

Para visitar ambas islas una opción muy valorada es contratar una excursión organizada; hay varias agencias que la ofertan.

▲ Hovgården, en la isla de Adelsö, es un complejo arqueológico de la época vikinga.

| Utö

Se trata de una de las islas de mayor tamaño del archipiélago y está situada en su extremo sudeste.

Además de unos bonitos alrededores, recomendables para el senderismo y el ciclismo, en este lugar se pueden visitar las viviendas de los trabajadores que cavaron las **minas de hierro** de la localidad, las más antiguas de Suecia –de la Edad Media–, un **museo** relacionado con esta explotación que exhibe una variedad de minerales y piedras, y un antiguo **molino de viento** de más de 200 años de antigüedad, desde el cual se puede disfrutar de una vista panorámica de la bahía de Mysingen. Tiene unas playas estupendas, sobre todo en su costa norte y es un lugar ideal para actividades al aire libre.

Utö es conocida por ser el lugar de nacimiento del deporte Swimrun, una combinación de nadar y correr, pero ambas actividades se tienen que hacer con el mismo equipamiento, ¡si se nada con aletas, hay que correr con aletas!

Los barcos de Waxholmbolaget hacen el recorrido desde el muelle de Strömkajen en Estocolmo en unas tres o cuatro horas de duración un par de veces al día (*https://waxholmsbolaget.se*).

Se puede pasar la noche de mayo a octubre en **Utö Vandrarhem** (STF) Gruvbryggan, Skärgården; *www.utovardshus.se*; o en **Utö Värdhus Hotell & Konferens**, Prästbacken 22; *www.utovardshus.se*.

La Oficina de Turismo de Utö está en Gruvbryggan, *www.uto.se*.

71D3
681, Utö
46 8 501 574 10
www.uto.se

▼ El molino de viento ofrece una espectacular vista panorámica de la bahía.

Sandhamn
(isla de Sandön)

La isla de Sandön está situada justo en el borde este de la zona central del archipiélago, junto al mar abierto. Su nombre significa "isla de la arena", denominación que sus playas justifican sobradamente. Las mejores no están en el pueblo, donde se encuentra el puerto, sino al sur de la isla, en **Trouville**.

🕐 71C4

Centro de visitantes
✉ 130 39 Sandhamn
🌐 destinationsandhamn.se

En todo caso, Sandhamn, cuya fundación es anterior a 1280, es una de las localidades que más animación vespertina y nocturna tienen en todo el archipiélago; aunque su población permanente no pasa de los 100 habitantes, recibe más de 100.000 visitantes al año. Es merecedora de un buen paseo para luego tomar una cerveza o disfrutar de la gastronomía local junto a las bonitas **casas de madera** y los numerosos yates que abarrotan sus aguas, famosas por sus actividades náuticas, especialmente por la regata **Gotland Runt** que se celebra cada año en julio, una de las competiciones de vela con más prestigio del Mar Báltico.

Más lejos del puerto, el placer se encuentra en dar extensos paseos por la playa o entre los bosques de pinos mecidos por el viento, algo que se puede hacer por cuenta propia o uniéndose a excursiones guiadas que exploran la isla y cuentan los acontecimientos más destacados de su historia y cultura.

Existen dos opciones para llegar hasta la isla en un trayecto que viene a durar entre tres y cuatro horas: **Strömma Kanalbolaget** (salida todos los días desde Nybrokajen, de donde regresa a las 17.15 h; *www.stromma.se*) y **Waxholmbolaget** (salida desde Strandvägen a las 9.30 h y desde Strömkajen los fines de semana a las 10.30 h; *https://waxholms-bolaget.se*).

Es mejor visitar la isla en una excursión de un solo día, pero, si se desea pernoctar allí, se puede acudir a **Sandhamn Seglarhotell**, *www.sandhamn.com*, o a **Sands Hotell Sandhamn**, *https://sands-hotell.se*.

▼ Los dos símbolos de Sandhamn son las casas de madera y las pequeñas embarcaciones.

🕐 71B3

▎Finnhamn

Finnhamn, que significa "puerto de los finlandeses", fue parada de los barcos procedentes del país vecino durante muchos años y ahora conforma uno de los lugares más atractivos para hacer senderismo y nadar.

Se trata de un conjunto de tres pequeñas islas (**Stora Jolpan**, **Idholmen** y **Lilla Jolpan**) situadas en la parte exterior de la zona central del archipiélago, cerca de mar abierto.

Una gran parte de las islas es una Reserva Natural con senderos que conducen a través de bosques, praderas y la naturaleza estéril del archipiélago.

En Finnhamn se encuentra la **Granja Idholmen**, en la que se cultivan vegetales y flores ecológicas, y que tiene vacas, gallinas y otros animales, así como una **tienda** de productos agrícolas de su propia granja orgánica, abierta durante todo el día en primavera, principios de verano y otoño. Durante la temporada de cosecha, la granja está abierta todos los días entre las 15 h y las 17 h.

La compañía Waxholmbolaget llega en barco en un viaje que dura unas dos horas y media (*www.waxholmsbolaget.se*).

Aquí se encuentra el albergue más grande de todo el archipiélago, se llama **Finnhamn Vandrarhem Utsikten** (STF), *https://finnhamn.se/boende*; y ofrece camas en habitaciones.

▎Arholma

🕐 71A4

Faro
✉ Arholma Norra byväg 1
🌐 www.arholma.nu

Es la isla más septentrional del archipiélago. Es conocida por su paisaje variado, que incluye acantilados escarpados y antiguas tierras de cultivo. La mayor parte de la isla es una reserva natural, lo que la convierte en un destino perfecto para los amantes de la naturaleza y el senderismo.

Lo más interesante de este lugar es su **faro** (*båk*), de 1768. Está abierto al público en verano, como espacio de exposición de arte y torre de observación. También merece la pena el **puerto de Österhamn**, del siglo XIX, y el **parque de Simesgården**, en una antigua granja.

Se puede llegar a esta isla tras cuatro horas de trayecto en los barcos de Waxholmbolaget (*www.waxholmsbolaget.se*).

▶ El famoso faro de la isla de Arholma ofrece unas magníficas vistas.

Parque Nacional
✉ Stadsgården 22
◎ 24 h
☛ sverigesnationalparker.se/
park/angso-nationalpark

▌Parque Nacional de Ängsö

La minúscula isla de Ängsö fue el primer lugar de Suecia en ser declarado Parque Nacional, en 1909. Se encuentra en la parte norte del archipiélago, a medio camino entre Vaxholm y Arholma, protegida del Báltico por una barrera considerable de tierras emergidas.

▲ Entrada al Parque Nacional de Ängsö.

El amante de la naturaleza disfrutará enormemente de sus preciosos paisajes y caminos, sobre todo durante la primavera y principios del verano, cuando los prados florecen y se llenan de color, volviendo a la vida después del letargo del invierno.

Desde hace unos años se está llevando a cabo una recreación de los hábitats del parque y las áreas restauradas se convertirán en entornos adecuados para muchas especies de flora y fauna, además de refugios para aves.

Solo es accesible en barco y no es demasiado fácil llegar a esta islita desde Estocolmo; además, no es posible pernoctar en ella, por lo que hay que tener mucho cuidado con los horarios. Waxholmsbolaget (*www.waxholmsbolaget.se*) navega al Parque Nacional de Ängsö desde el muelle de Strömkajen en dos horas.

▮ Siaröfortet

Más que una isla, se trata de un diminuto islote de 400 m de longitud que resulta, no obstante, muy interesante desde varios puntos de vista.

Se encuentra a medio camino entre Vaxholm y Ängsö, en la parte nororiental del archipiélago. Tras el comienzo de la Primera Guerra Mundial, Suecia decidió que las defensas de Vaxholm no eran suficientes para garantizar la seguridad por mar de

▼ Cañón para la defensa de la fortaleza de Siarö.

Estocolmo, por lo que decidió levantar una nueva fortaleza en este lugar, aunque en realidad solo se usó como centro de entrenamiento y posteriormente fue abandonada. En la actualidad, una vez restaurada, funciona como **museo** donde el visitante puede ver los impresionantes cañones, las estancias de las tropas y otros recovecos del fortín.

En las mismas instalaciones de la fortaleza militar se halla instalado **Siaröfortet Vandrarhem** (STF), un albergue de los más peculiares del archipiélago.

Los barcos de Waxholmbolaget tienen la salida del muelle de Strömkajen en verano dos veces al día de lunes a jueves (8.30 h y 10 h), viernes (8.15 h y 10 h), sábados (8.15 h y 8.45 h) y domingos (8.45 h y 13.15 h) para un trayecto de menos de dos horas (*www.waxholmsbolaget.se*). Es conveniente consultar los horarios antes de planear las visitas.

🕐 71B3

Siaröfortet
✉ Kyrkogårdsön
🕐 Del 24 de junio al 18 de agosto; de lunes a jueves de 11-17 h,
viernes y sábado de 11-18 h, domingo de 11-16 h
💶 Barato
🍴 Restaurante y cafetería
🌐 https://siarofortet.se

▌Landsort
(isla de Öja)

⊙ 70D2
▯C Restaurantes y cafeterías
🖥 https://visitlandsort.se

La alargada isla de Öja, con aproximadamente 5 km de longitud y 500 m de ancho, la más meridional del archipiélago y situada ya en mar abierto, tiene en la pequeña localidad de **Landsort** su mayor atractivo.

Se trata de un hito relevante de localización marítima caracterizado por su solitario **faro Landsort fyr**, encaramado sobre las rocas, el mejor conservado del archipiélago y el más antiguo de Suecia, con más de tres siglos de historia ya que fue construido en 1689. Ofrece unas vistas panorámicas impresionantes del archipiélago y su entorno es un lugar perfecto para disfrutar de la belleza natural de la zona. La isla tiene numerosos senderos que transcurren a través de paisajes variados, desde los abruptos acantilados hasta bosques y praderas. Es un lugar ideal para explorar a pie y disfrutar de la tranquilidad de la naturaleza.

En el norte de la isla se puede visitar la **ERSTA-batteriet på Landsort**, una instalación militar que se adentra 18 m bajo tierra. La instalación estaba destinada a proteger a Suecia de los ataques soviéticos durante la Guerra Fría y estuvo en uso entre 1977 y 2000. Hoy en día es un museo que solo se puede ver con una visita guiada.

Hay varias opciones de alojamiento, incluyendo albergues que están abiertos todo el año. Se suma a la oferta durante el verano una pista de baile al aire libre con bar y café.

ERSTA-batteriet på Landsort
- ⊠ Nynäshamn
- ⏱ De martes a domingo; hay que reservar el día antes
- 🗟 Barato
- ☎ www.batterilandsort.se

▼ La costa rocosa de la isla de Öja con el faro más antiguo de Suecia, construido en 1689.

LA MITOLOGÍA NÓRDICA

La mitología pagana del norte de Europa se caracterizaba por contar con un ecléctico panteón de dioses cuyas peripecias constituían las leyendas y los mitos que conforman la cosmogonía escandinavo-germánica.

Los orígenes de estos cultos se remontan a la cultura indoeuropea y tiene conexiones esenciales con los ritos primigenios indios y con las deidades griegas y romanas. Estas fuentes, junto con los ritos oriundos primitivos relacionados con la fertilidad, la guerra o la naturaleza, conformaron una mitología característica en la que los sacrificios, las ofrendas y las leyendas que explican el origen del mundo y los fenómenos naturales tienen más importancia que las ceremonias sacramentales o las comuniones religiosas. Las fuentes más importantes de las que han bebido los historiadores y estudiosos de la mitología escandi-

nava han sido las sagas materializadas en las dos Eddas, la *Edda Menor* o en prosa, escrita por el autor islandés Snorri Sturluson en el siglo XIII y la *Edda Mayor* o en verso, una colección de poemas creados en Islandia por autores anónimos entre los siglos IX y XIII. La mitología escandinava ha sido motivo de inspiración para diversas obras universales, desde la ópera *El anillo del nibelungo*, de Richard Wagner, hasta la trilogía de *El señor de los anillos*, de J.R.R. Tolkien.

Según la cosmogonía nórdica, el mundo fue creado por Odín, señor de los dioses, a partir del cuerpo del gigante caído Ymir. La creación se divide en tres mundos principales (y otros muchos secundarios). El superior es Ásgård, una especie de "paraíso" donde moran los dioses en cuyo imponente palacio dorado de Valhalla los luchadores mortales más heroicos disfrutan de banquetes y combates por toda la eternidad. Después está Midgård, o "Tierra de en medio", hogar de los mortales que está precariamente unido a Ásgård a través del frágil puente que forma el arco iris. Por último,

Utgård, un "inframundo" situado por debajo de la Tierra donde se arrastran seres maléficos y demonios.

Los más importantes son:

• **Odín**. Jefe supremo de los inmortales, dios de la guerra, la sabiduría, las artes y la magia. Ansía por encima de todo el conocimiento, para lo cual cuenta con sus dos cuervos sagrados: Huginn (pensamiento) y Muninn (memoria), que recorren todo el universo en busca de noticias para su amo. Odín posee también el caballo de ocho patas Sleipnir y los feroces lobos Geri y Freki, además del temible venablo Gungnir y el anillo mágico Draupnir. Entre sus poderes principales está la capacidad de metamorfosearse en cualquier ser vivo, si bien la forma más habitual es la de anciano vagabundo de larga barba blanca vestido de gris (tenemos su imagen moderna en el Gandalf tolkiano). En su avidez por saber, Odín entregó uno de sus ojos a un gigante para lograr más conocimiento y llegó a colgarse del árbol Yggdrasill para que le fuera revelado el secreto de las runas. En la cultura germánica, el equivalente al escandinavo Odín (Oden) es Wotan o Woden, de donde proviene la palabra anglosajona Wednesday (miércoles).

• **Thor**. Colérico dios del trueno, el fuego y el rayo. Hijo de Odín, es el inmortal más poderoso y fuerte del panteón nórdico y odia profundamente a los gigantes, seres contra los que lucha impenitentemente. Se trata de un enorme guerrero de barba rojiza dotado de fuerza sobrehumana capaz de derrotar a sus enemigos gracias a su poderoso martillo Mjöllnir, capaz de desatar tormentas y que regresa a sus manos como un bumerán tras ser lanzado contra sus oponentes. Thor posee un cinturón mágico Megingjörd, que multiplica la fuerza de quien lo ciñe, y un carro volador tirado por dos machos cabríos con el que recorre los cielos. De su nombre deriva el sueco Torsdag, el inglés Thursday y el alemán Donnerstag.

• **Loki**. Astuto, taimado y traicionero, es el dios nórdico del engaño. Su inteligencia sirve tanto para meter al resto de dioses en los peores embrollos como para sacarlos de ellos. Su personalidad, que comienza siendo bromista y pendenciera, acaba derivando en un carácter criminal que lo convierten en el mayor enemigo de Åsgård.

• **Heimdall**. Es el dios guardián de Åsgård. Su oído es capaz de sentir la hierba crecer y su vista alcanza el fin del mundo. Además, posee el cuerno mágico Gjallarhorn con el que avisa del peligro a los demás dioses.

• **Freyr**. Dios de la fertilidad y el amor. Posee el barco Skidbladnir, que se puede plegar hasta caber en un bolsillo, y un carro tirado por el poderoso jabalí Gullinborsti. Como dios de la fertilidad, se le solía atribuir un enorme órgano sexual.

Además de los dioses, la mitología nórdica también está plagada de otros **seres fantásticos** entre los que destacan los siguientes:

• **Valkirias**. Son las poderosas guerreras acaudilladas por Odín encargadas de recoger a los muertos en batalla para conducirlos al Valhalla. Cabalgan sobre caballos alados y portan letales lanzas. El famoso movimiento titulado *La Cabalgata de las Valkirias* de la ópera wagneriana *El anillo del nibelungo* utilizado en *Apocalypse Now* puede dar idea de su aterradora imagen mitológica.

• **Gigantes**. Se trata de unos seres bastante poderosos, enormes, monstruosos y estúpidos que tratan de destruir a los hombres. Las luchas entre ellos y Thor son bastante frecuentes dentro de las leyendas escandinavas.

• **Trolls**. Son espíritus de las cavernas y los bosques. Suelen representarse como enanos peludos generalmente benignos para el hombre, aunque también son capaces de acciones malvadas.

Dónde...

Restaurantes

ESTOCOLMO

Hay una diferencia enorme entre ir a un restaurante a la hora de la comida o a la hora de la cena. Un menú del día a la hora del almuerzo (*dagens rätt*) suele consistir en un plato único con ensalada, café y bebida incluidos (no siempre) y ronda las 100-170 SEK. Una cena (*middag*) con los mismos componentes costará, muy probablemente, más del doble.

Gamla Stan

Corvina Enoteca (M)
Este restaurante italiano destaca más por su amplia selección de vinos internacionales y una gran variedad de platos italianos entre los que destacan los platos de embutidos y quesos de la mayoría de las regiones italianas.
- ✉ Kornhamnstorg 47
- ☎ 08 660 59 97
- 🕐 Dom-lun cerrado; resto semana 16-22 h
- 🌐 https://corvina.nu

Stockholms Gästabud (E)
Comida tradicional sueca. Está muy solicitado y no es muy grande por lo que se suelen formar grandes colas; no admite reservas. En la carta todos los platos típicos de la variada cocina sueca: salmón con mantequilla y eneldo, albóndigas, arenques, etc. y buenos postres.
- ✉ Österlånggatan 7
- ☎ 08 219 921
- 🕐 12-22 h
- 🌐 www.stockholmsgastabud.se

Movitz Pub & Restaurang (M)
Un cálido restaurante especializado en carnes con una carta en la que se puede encontrar cocina sueca y algunos platos franceses e italianos. Consta de dos locales: un café más sencillo y económico a ras de suelo que funciona como pub al anochecer y el restaurante que se sitúa en el piso inferior. El menú ronda las 350-400 SEK.
- ✉ Tyska brinken 34
- ☎ 08 209 979
- 🕐 17-1 h; sáb 13-3 h
- 🌐 www.movitz.com

Le Rouge – Fransk restaurang (C)
Restaurante situado en una casa con la fachada de "madera cruzada" en una calle poco concurrida con salida al mar. Su especialidad son los platos de carnes y pescados con salsas muy elaboradas al estilo francés.
- ✉ Brunnsgränd 2-4
- ☎ 46 735 731 632
- 🕐 Mié-sáb 18-1 h
- 🌐 http://www.lerouge.se

Restaurant C & C (M)
Establecimiento informal que sirve cocina tradicional sueca y especialidades de caza como reno; también albóndigas, pescado y marisco. Ambiente informal y acogedor y una gran terraza al aire libre en verano.
- ✉ Skräddargränd 2B
- ☎ 46 8 200 024
- 🕐 Lun-mar cerrado; mié-jue 16-21 h; sáb-dom 12-21 h
- 🌐 https://restaurant-cc.com

Den Gyldene Freden (C)
"La Paz Dorada" es todo un clásico inaugurado nada menos que en 1722. Además del atractivo de su ubicación, en una típica casa que data del siglo XVIII, resulta recomendable por cultivar una excelente cocina sueca tradicional con algunos toques franceses e italianos. Un menú completo rondará los 800 SEK para la cena y los 500 SEK a la hora del almuerzo.
- ✉ Österlånggatan 51
- ☎ 46 8 249 760
- 🕐 Dom cerrado; 12-23 h
- 🌐 https://gyldenefreden.se

Michelangelo (M)
Comida italiana sin demasiadas pretensiones y a precios asequibles. De los varios restaurantes especializados en este tipo de cocina que hay en esta concurrida calle, quizá el más clásico y recomendable. Se puede almorzar por unas 300 SEK y tomar un menú bastante decente para la cena.
- ✉ Västerlånggatan 62
- ☎ 46 8 249 760
- 🕐 11.30-23 h
- 🌐 www.michelangelo.nu

Södermalm

Pelikan (C)
Un coqueto restaurante con decoración modernista especializado en platos de la cocina tradicional sueca donde no faltan el

---

Precio

Los precios siempre se refieren a la cena. Es decir, a dos platos y postre, incluido el vino. La comida puede salir mucho más barata. En un restaurante más caro puede llegar a los 80-90 € y los de superlujo sobrepasan los 100 € por persona.

E = hasta 25 €
M = entre 25-50 €
C = más de 50 €

Platos típicos de Estocolmo

Köttbullar: Las famosas albóndigas suecas, generalmente servidas con puré de patatas, salsa de carne, mermelada de arándanos rojos y pepinillos encurtidos.

Smörgåsbord: Un buffet tradicional sueco que incluye una variedad de platos fríos y calientes, como arenques en escabeche, salmón, embutidos, quesos y ensaladas.

Kroppkakor: Albóndigas de patata rellenas de una mezcla de cebolla y cerdo, servidas con mermelada de arándanos rojos y mantequilla clarificada.

Räkmacka: Un sándwich abierto de camarones, generalmente servido con huevo duro, mayo-nesa y eneldo sobre pan de centeno.

Prinsesstårta: Un pastel de capas con bizcocho, crema pastelera, mermelada de frambuesa y una capa de mazapán verde, a menudo decorado con una rosa de mazapán.

Raggmunk: Tortitas de patata servidas con cerdo frito y mermelada de arándanos rojos.

Ärtsoppa: Sopa de guisantes amarillos, tradicionalmente servida los jueves con panqueques de postre.

Gravlax: Salmón curado con una mezcla de sal, azúcar y eneldo, a menudo servido con una salsa de mostaza y eneldo.

Renskav: Carne de reno salteada en una salsa cremosa, servida con patatas y mermelada de arándanos rojos.

Janssons Frestelse: Un gratinado de patatas, cebolla y anchoas, cubierto con nata y horneado hasta que esté dorado y burbujeante.

Kanelbulle: El famoso rollo de canela sueco, hecho con masa enriquecida con mantequilla y cardamomo, y relleno de canela, mantequilla y azúcar.

Sill: Arenque en escabeche, un elemento básico en los buffets suecos.

Semla: Un bollo de trigo relleno de pasta de almendra y crema batida, tradicionalmente consumido antes de la Cuaresma.

---

salmón, el arenque o las clásicas albóndigas. Un menú completo rondará las 300-500 SEK.
- ✉ Blekingegatan 40
- ☎ 46 8 55 609 090
- ⏰ 11.30-1 h
- 🖰 https://pelikan.se

Hermans (E)
Un restaurante vegano de los más renombrados del barrio con una bonita terraza frente a las aguas de Estocolmo. Bufé para el almuerzo por 189 SEK y bufé para la cena y el fin de semana por 275 SEK.
- ✉ Fjällgatan 23B
- ☎ 46 8 643 94 80
- ⏰ 11-21 h
- 🖰 https://hermans.se

Dionysos (M)
Comida griega en un esta-blecimiento que siempre

está lleno de comensales. Tienen platos combinados a partir de 125 SEK para el almuerzo y menús tí-picos de la cocina helena (*musaka* o *suvlaki*) desde 200 SEK.
- ✉ Bondegatan 56
- ☎ 46 8 641 91 13
- ⏰ 11-23 h
- 🖰 www.dionysos.se

Koh Phangan (E)
Un pintoresco y recomen-dable tailandés donde pro-bar la deliciosa comida de este bello país en medio de un decorado de tupida selva asiática incluido un tuk tuk. Entre 200 y 300 SEK.
- ✉ Skånegatan 57
- ☎ 46 8 642 50 40
- ⏰ 16-23 h; sáb-dom desde las 12 h
- 🖰 https://kohphangan.se

Snaps Bar & Bistro (M)
Se trata de un café-res-taurante con una enorme terraza en la gran plaza que se abre a la izquierda subiendo Götgatan. Cerve-zas, cafés y platos ligeros como pasta, sándwiches o pescados. El ambiente sue-le ser de lo más animado.
- ✉ Götgatan 48
- ☎ 46 8 640 28 68
- ⏰ Mié-sáb 11-3 h
- 🖰 www.snaps.se

Berns Salonger (C)
Se trata de uno de los in-dispensables de la ciudad desde el siglo XIX. Además de restaurante, es un ho-tel, una sala de conciertos y un pub nocturno. Dispo-ne de dos restaurantes: Berns Asiatiska, con cocina asiática de categoría, y Bis-

tro Berns, un café de cocina francesa. Ambos tienen precios relativamente elevados, aunque el segundo es más accesible.

- ✉ Näckströmsgatan 8
- ☎ 46 8 566 320 00
- ⏰ Todo el día
- 🌐 https://berns.se

Bistro Boheme Söder (M)

Un pequeño y moderno restaurante con refrescante terraza especializado en tapas españolas con influencias de la cocina centroeuropea. Ingredientes de la más alta calidad, tanto en la cocina como en el bar. Sirven *brunch* los sábados de 11 a 16 h y los domingos de 12 a 16 h.

- ✉ Skånegatan 83
- ☎ 46 8 644 24 20
- ⏰ 16-24 h; vie-sáb 11-1 h
- 🌐 https://bistrobohemesoder.se

GQ Restaurang (C)

Un celebrado restaurante especializado en cocina franco-sueca de vanguardia con platos muy sugerentes y una amplia carta de vinos. Excelente opción para vegetarianos o personas con algún tipo de alergia. El menú ronda las 800 SEK. Solo abre para las cenas.

- ✉ Kronobergsgatan 37
- ☎ 46 8 410 681 00
- ⏰ 17-24 h; sáb 13-1 h
- 🌐 https://restaurangag.se

Tapas 28 (M)

Carta de tapas vibrante y variada con inspiración de todo el mundo. Platos pequeños perfectos para probar algo nuevo. Sabrosas tapas servidas en un ambiente íntimo y sin pretensiones. Prtoductos tanto de mar como de montaña, queso y embutidos.

- ✉ Pontonjärgatan 28
- ☎ 46 8 654 90 30
- ⏰ 16-22 h
- 🌐 https://tapas28.se

Norrmalm y Östermalm

Riche (c)

Un restaurante con más de un siglo de historia y una extensa carta que ofrece cocina tradicional sueca y francesa. Amplia terraza de estilo brasserie y cuidada decoración clásica con exposiciones temporales de arte. Precios algo elevados.

- ✉ Birger Jarlsgatan 4
- ☎ 46 8 566 320 00
- ⏰ 11.30-24 h
- 🌐 https://riche.se

Hötorgshallen (M)

Uno de los puntos que el viajero no debe perderse en esta zona de Estocolmo es la plaza de Hötorget, donde se monta el mercadillo al aire libre más grande y popular de la ciudad. Los días de buen tiempo, se llena de gente en busca del colorido de las frutas y flores de sus puestos.

Además, en los aledaños de la plaza está el Hötorgshallen, una suerte de centro comercial con dos plantas: la superior, al nivel de la calle, con varios restaurantes de comida rápida y económica, y la inferior, mucho más interesante. En ella se localiza un mercado de intenso aroma escandinavo y mediterráneo, con estupendos puestos de pescados, mariscos y demás delicias. Aquí se encuentran cosas imposibles de hallar en los centros comerciales y las tiendas normales de la ciudad. No se debe visitar este lugar sin probar alguna de las variopintas formas de preparar el pescado que tienen, por ejemplo, en **Kajsas fisk**, un pequeño y recomendable restaurante informal situado dentro del mercado con una *fisksoppa* sencillamente deliciosa.

- ✉ Sergels Torg 29
- ☎ 46 8 207 262
- ⏰ Lun-vie 11-18 h; sáb 11-16 h; dom cerrado
- 🌐 https://hotorgshallen.se https://kajsasfisk.se

Östermalms Food Hall (C)

El hermoso mercado de hierro forjado y ladrillo rojo de Östermalmshallen alberga un conjunto inigualable e indispensable de locales, tiendas y restaurantes que lo convierten en el templo de los productos típicos escandinavos por excelencia.

De los múltiples restaurantes que se pueden encontrar destaca el famoso local de **Lisa Elmqvist** situado en Ostermalmshallen que combina restaurante y marisquería, es un clásico de Estocolmo. Ningún amante del pescado debería abandonar la ciudad sin comer al menos una vez sus excelentes especialidades marineras escandinavas: ostras y gambas del Mar del Norte, arenques de todo tipo, salmón ahumado o marinado, cangrejos, huevas de trucha, sopa de pescado… Un placer exquisito.

- ✉ Östermalmstorg 31
- ☎ 46 8 207 262
- ⏰ Lun-vie 9.30-19 h; sáb 9.30-17 h; dom cerrado
- 🌐 www.ostermalmshallen.se

Copine by Jim & Jacob (M)

Copine (novia, en francés) tiene un alma francesa, pero abraza la cultura gastronómica de todo el sur de Europa y el Mediterráneo. Ingredientes frescos y de temporada.

- ✉ Kommendörsgatan 23
- ☎ 46 8 150 115
- ⏰ Lun-sáb 11.30-14 h, 17-23 h; dom-lun cerrado
- 🌐 jimjacobrestauranger.se/copine

Para los paladares más exigentes (C)

Edsbacka Krog

Situado en una mansión rústica de madera del siglo XVII, este restaurante se enorgullece de ofrecer cocina sueca de primerísimo nivel con productos de temporada típicos del país. Su ubicación, a más de 20 km del centro de Estocolmo y difícilmente accesible en transporte público, solo lo hacen recomendable en caso de contar con vehículo propio. Abre solo para la cena.

✉ Sollentunavägen 220, 191 35 Sollentuna
☎ 46 8 122 089 80
🕐 Vie, sáb y dom
🌐 https://edsbacka.nu

Matbaren Mathias Dahlgren

Con una estrella Michelin, el flamante restaurante del Grand Hôtel ofrece una excelente cocina de autor basada en la tradición culinaria sueca frente a las aguas de Estocolmo y con vistas al Palacio Real.

✉ Södra Blasieholmshamnen 6
☎ 46 8 679 35 84
🕐 Mar-vie 12-13.30 h; lun-sáb 18-24 h; dom cerrado
🌐 https://grandhotel.se

Operakällaren

Precioso restaurante histórico situado en el mismo edificio de la Ópera, construido en 1787. La sofisticada decoración interior del gran salón dejará la boca abierta al comensal, listo para probar su excelente y cara cocina francesa.

✉ Operahuset, Karl XII:s torg, planta 1
☎ 46 8 676 58 00

🕐 Mar-jue 18-1 h; vie-sáb 12-1 h; dom-lun cerrado
🌐 https://operakallaren.se

Frantzén

Este restaurante es el primero en Estocolmo en recibir tres estrellas Michelin. Ofrece una experiencia gastronómica innovadora con un toque japonés en un entorno elegante y moderno. Platos elaborados frente a los comensales maridados con excelente vino. Lo difícil es encontrar sitio incluso meses antes. Menú degustación 5.500 SEK. ¡Excepcional!

✉ Klara Norra kyrkogata 26
☎ 46 8 208 580
🕐 Mar-vie 11.30-23.30 h
🌐 www.restaurantfrantzen.com

Ekstedt

Abrió sus puertas en noviembre de 2011 en el centro de Estocolmo. Con una estrella Michelin, este restaurante es conocido por ser un lugar donde todo se cocina al fuego, como se hacía tradicio-

nalmente en Suecia, para hacer comida contemporánea con ingredientes de temporada. Es también un homenaje a la manera de cocinar del siglo XVIII. Si se comunica antes, el menú puede ser vegano y adaptado a las alergias. Menú 2.600 SEK más maridaje.

✉ Humlegårdsgatan 17
☎ 46 8 207 262
🕐 Mar-sáb 17.30-1 h; dom-lun cerrado
🌐 https://ekstedt.nu

Aloë

En Älvsjö, a unos 10 km de Estocolmo, este restaurante de alta cocina dirigido por Niclas Jönsson y Daniel Höglander, con dos estrellas Michelin, ofrece una gastronomía contemporánea y romántica sin limitaciones geográficas en cuanto a sus influencias, pretendiendo ser un reflejo de la sociedad actual. Menú por 3.100 SEK más maridaje.

✉ Svartlösavägen 52, Älvsjö
☎ 46 7 315 441 51
🕐 Mie-sáb 18-1 h
🌐 www.aloerestaurant.se

Alojamientos

ESTOCOLMO

Es, con enorme diferencia, el primer destino turístico del país. Esto hace que tenga una oferta de alojamiento muy amplia pero, también, que la afluencia de viajeros sea enorme durante los meses de verano. Por eso es imprescindible reservar siempre con antelación, sea cual sea el tipo de establecimiento que elijamos. El alojamiento es caro sin paliativos, aunque se puede mantener en cifras razonables si se sacrifica algo en comodidad y lujos.

Precio

E = hasta 125 €
M = entre 125-175 €
C = más de 175 €

Hilton Stockholm Slussen (M)

Fantástico y elegante hotel situado junto a Slussen, en un punto ideal entre Gamla Stan y Södermalm. Sus instalaciones están en correspondencia con el esplendor que se puede esperar de esta cadena de hoteles.

✉ Guldgränd 8
☎ 46 8 517 353 00
🖥 www.hilton.com

Hotel Frantz, member of WorldHotels Crafted (M)

Muy cerca de Slussen, de Gamla Stan y de la zona más animada de Södermalm. Pequeño hotel con encanto de propiedad familiar en un edificio de 1647 mandado construir por el sastre Frantz Bock, en cuyo honor le pusieron su nombre. Servicios propios de una categoría de 4 estrellas.

✉ Peter Myndes backe 5
☎ 46 8 442 16 80
🖥 www.hotelfrantz.se

Hotel Gamla Stan, BW Signature Collection (M)

Situado en Skeppsbron con una fantástica vista de Saltsjön y de Skeppsholmen, Djurgården y Stadsgården. Es un encantador hotel con 81 habitaciones distribuidas en tres propiedades. La parte más antigua del hotel data de la década de 1600. Todas las habitaciones están decoradas en hermosos colores cálidos para dar un ambiente acogedor y atemporal.

✉ Skeppsbron 22
☎ 46 8 411 95 45
🖥 www.hotelgamlastan.se

Haymarket by Scandic (M)

Hotel de la cadena Scandic totalmente renovado con buenas instalaciones y servicios. En plena plaza de Hötorget, donde se instala el mercado más animado y colorido de la ciudad. En este edificio trabajó Greta Garbo en la década de 1920. Dispone de restaurante.

✉ Hötorget 13-15
☎ 46 8 517 267 00
🖥 www.scandichotels.se

Scandic Continental (M)

Un elegante hotel muy cercano a la Estación Central y al Ayuntamiento. Buen servicio y atmósfera agradable para un hotel típico de cadena. Wifi, bicicletas y bastones para caminar gratuitos. Restaurante y bar con terraza en la azotea.

✉ Vasagatan 22
☎ 46 8 517 342 00
🖥 www.scandichotels.se

Scandic Sjöfartshotellet (M)

En Södermalm, al principio de Katarinavägen y muy cerca de Fjällgatan, de magníficas vistas, y de Slussen, la conexión con Gamla Stan. Habitaciones y servicios correctos cerca de las zonas animadas y en un lugar relativamente tranquilo. Sauna y gimnasio.

✉ Katarinavägen 26
☎ 46 8 517 349 00
🖥 www.scandichotels.se

Ersta Konferens & Hotell (M)

En un edificio llamado Casa de la Gran Diaconisa que data de 1896, 38 agradables habitaciones junto a Fjällgatan, en Södermalm. Dispone de wifi. 16 salas de conferencias históricas equipadas de manera moderna. Restaurante y salón de banquetes con capacidad para 210 personas.

✉ Erstagatan 1K
☎ 46 8 714 63 41
🖥 www.erstadiakoni.se

Elite Eden Park Hotel (M)

Hotel de 124 habitaciones con baño propio en el barrio de Östermalm, junto al tranquilo parque Humlegården y el animado Stureplan. Habitaciones de diseño elegante y atemporal. Dos restaurantes, gimnasio y sauna.

✉ Sturegatan 22
☎ 46 8 555 627 00
🖥 www.elite.se

Scandic Malmen (M)

Hotel muy correcto de la cadena escandinava Scandic con 327 habitaciones en pleno Södermalm, en la frontera de la vibrante SoFo con cultura y tiendas especializadas. Dispone de varios restaurantes de cocina internacional, uno de ellos especializado en platos de la alta cocina francesa y bares que ofrecen música en vivo y DJs.

✉ Götgatan 49-51
☎ 46 8 517 347 00
🖥 www.scandichotels.se

Clarion Hotel Stockholm (M)

Está situado en la animada Södermalm, a un minuto de la estación de metro de Skanstull. Cómodas habitaciones y el Elements Spa, una combinación de espacios de bienestar. Restaurante, bares y una bonita terraza. Como suplemento, tiene una colección única de arte contemporáneo escandinavo.

✉ Ringvägen 98
☎ 46 8 462 10 00
🖥 www.strawberry.se

Collector's Lady Hamilton Hotel (C)

Situado en pleno centro, en un edificio protegido que existe desde la década de 1470 y es hotel desde 1975. Lleva el nombre de la amante del famoso héroe naval Lord Nelson, Lady Emma Hamilton. Tiene una colección única de antigüedades, tanto terrestres como navales. Buen desayuno bufé.

✉ Storkyrkobrinken 5
☎ 46 8 506 401 00
🖥 www.thecollectorshotels. se

Castle House Inn (E)

En una antigua posada de Gamla Stan, a 2 minutos de la plaza Stortorget, cerca del transporte público. Habitaciones pequeñas con baño privado o compartido, pero muy limpias. El desayuno es muy bueno y a buen precio.

✉ Brunnsgränd 4
☎ 46 8 551 155 26
🖥 www.castlehouse.se

Scandic 53 (M)

En el corazón de Estocolmo, las 274 habitaciones son modernas y confortables. Desayuno bufé en un ambiente agradable y cuando hace buen tiempo en el patio. Wifi gratuito en todo el hotel. Etiqueta ecológica Nordic Swan.

✉ Kungsgatan 53
☎ 46 8 517 36 500
🖥 www.scandichotels.se

Unique Hotel Jungfrugatan (M)

En el centro de Östermalm, en una hermosa propiedad de 1800 recientemente renovada. Habitaciones sobriamente decoradas. Cerca de atracciones como el museo Moderna, Skansen o el Museo Vasa. En un hermoso patio con un invernadero de naranjos se sirve el desayuno bufé.

✉ Jungfrugatan 7A
☎ 46 7 628 27 14
🖥 https://uniquehotel.se

Pärlan Hotel (M)

Ubicado en Östermalm, perfecto para disfrutar de la vida nocturna pues está cerca de los bares y discotecas del Stureplan. Ofrece una sala de TV con sofás de cuero, chimenea y estufa tradicional de azulejos, conexión Wi-Fi gratuita y habitaciones modernas con un toque clásico. Ambiente hogareño.

✉ Skeppargatan 27
☎ 46 8 663 50 70
🖥 https://pa-rlan-hotell. worhot.com

Hotel Kung Carl (M)

Un hotel clásico con una ubicación céntrica y una preciosa terraza en la azotea. Abierto desde hace más de 150 años, en 2021 se renovó ampliamente en el estilo de la Belle Epoque. Desayuno bufé sueco.

✉ Birger Jarlsgatan 21
☎ 46 8 463 50 00
🖥 www.kungcarl.se

Best Western Kom Hotel Stockholm (M)

Habitaciones cómodas de varios tipos y una buena ubicación. Está gestionado por una asociación sin ánimo de lucro y ofrece una grata experiencia tanto para el huésped como a largo plazo para los jóvenes de la comunidad. Diez salas de conferencias.

Dormir a todo lujo (C)

Hotel Berns. Un lujoso y extravagante hotel situado en un bello edificio del siglo XIX junto al parque Berzelii, cerca del Teatro Real. Caro, pero exquisito. *Näckströmsgatan 8, telf. 46 8 566 320 00, https://berns.se.*

Hôtel Reisen - The Unbound Collection by Hyatt. Gran hotel de cinco estrellas de la cadena danesa First en plena Gamla Stan, en un edificio del siglo XVIII. Un clásico de Estocolmo. *Skeppsbron 12, telf. 46 8 128 812 34, www.hyatt.com.*

Grand Hôtel. Un fastuoso hotel inaugurado en 1874 en un impresionante edificio frente a las aguas y con vistas al Palacio Real. *Södra Blasieholmshamnen 8, telf. 46 8 679 35 00, www.grandhotel.se.*

Radisson Collection Strand Hotel. Lujoso hotel de cinco estrellas, con detalles de estilo arquitectónico renacentista, el hotel se construyó en 1912 y se renovó en 2011. con los magníficos servicios e instalaciones propias de los establecimientos de esta cadena hotelera. Muy cerca de Gamla Stan y con estupendas vistas de las aguas, los barcos y a Nybroviken. *Nybrokajen 9, telf. 46 8 506 640 00, www. radissonhotels.com.*

Nobis Hotel Stockholm. Ubicado en el corazón del distrito comercial principal de Estocolmo, este hotel de diseño ofrece habitaciones modernas con baños de mármol, cómodas camas con sábanas elaboradas con algodón egipcio, un centro de fitness, sauna y dos restaurantes de alta cocina. *Norrmalmstorg 2-4, telf. 46 8 614 10 00, www.nobishotel.se.*

Hotel Diplomat Stockholm. Situado en Strandvägen en un edificio Art Nouveau (en la foto), este hotel ofrece vistas al puerto de Nybroviken y cuenta con un restaurante de alta cocina y un spa. *Strandvägen 7C, telf. 46 8 459 680 00, www. diplomathotel.com.*

Ett Hem. Este hotel boutique ofrece una experiencia íntima y lujosa con habitaciones decoradas individualmente, un jardín privado y un ambiente acogedor. *Sköldungagatan 2, telf. 46 8 200 590, www.etthem.se*

Lydmar Hotel. Este hotel boutique ofrece habitaciones espaciosas y decoradas de manera única, con vistas al agua y una atmósfera relajada pero elegante. Servicio de primera categoría alejado de toda rigidez. *Södra Blasieholmshamnen 2, telf. 46 8 223 160, https://lydmar.com.*

✉ Döbelnsgatan 17
☎ 46 8 412 23 00
🖥 www.komhotel.se

Queen's Hotel (E)
Un céntrico y modesto hotelito con encanto, pero decorado con buen gusto creando una fusión única de arquitectura de 1800 y detalles modernos. Cada habitación está elegantemente decorada en tonos claros, son amplias y con techos altos y grandes ventanales que dan a la calle o al patio. Precios moderados y buena ubicación.
✉ Drottninggatan 71A
☎ 46 8 249 460
🖥 www.queenshotel.se

Hotel Bema (E)
Un hotelito sin pretensiones en la parte norte de Norrmalm con buenos precios. Buena ubicación, cómodo con una hermosa plaza justo al frente. Algunas habitaciones están pidiendo una rehabilitación urgente. Té o café en la habitación.
✉ Upplandsgatan 13 B
☎ 46 8 232 675

Hotel Tre Små Rum (E)
En el moderno barrio de Södermalm, a solo 200 m de la estación de metro de Mariatorget. Este hotelito, cuyo nombre significa "tres habitaciones pequeñas", dispone de alguna más en la actualidad. Decoración acogedora y sencilla con camas de calidad hechas por artesanos. El baño es compartido.
✉ Högbergsgatan 81
☎ 46 8 641 23 71
🖥 https://tre-sma-rum.worhot.com

Albergues y hostales

City Lodge (E)
Un albergue aceptable de 40 plazas a solo dos minu-

tos de la Estación Central y a 200 m de la calle comercial Drottninggatan, en el barrio de Norrmalm. Taquillas personales y baños compartidos. Cocina, sala de TV y lavandería.
✉ Klara northern, Klara Norra kyrkogata 15
☎ 46 46 822 66 30
🖥 https://city-lodge-stockholm.worhot.com

Rygerfjord Hotell och Vandrarhem (E)
En el Rygenfjord, un barco noruego de los años 50 anclado en la orilla de Södermalm, el viajero encontrará 90 camarotes de distintas categorías a su disposición desde los que disfrutar del paisaje acuático de Estocolmo. Restaurante y bar.
✉ Söder Mälarstrand, Kajplats 13
☎ 46 8 840 830
🖥 https://rygerfjord.se

Archipelago Hostel Old Town (E)
Pequeño, coqueto y luminoso. Un albergue estupendo tanto por su inmejorable localización en el corazón de Gamla Stan como por su comodidad. Desde casi todas las habitaciones las vistas son preciosas. Tiene una pequeña cocina.
✉ Stora Nygatan 38
☎ 46 8 124 436 01
🖥 archipelagohostel.se

Castanea Old Town Hostel (E)
En dos casas construidas a finales de 1800. Un pequeño y agradable albergue con 55 plazas cuyo gran atractivo es estar situado en pleno corazón de Gamla Stan. Las habitaciones son pequeñas, pero todas tienen ventana.
✉ Kindstugatan 1
☎ 46 8 223 551
🖥 https://castaneahostel.com

City Backpackers Hostel Stockholm (E)
A 10 minutos de la Estación Central y de Sergels Torg en la continuación de Vasagatan. Un hostal muy bien equipado y de ambiente agradable con 85 plazas, de gran prestigio entre los viajeros. Habitaciones privadas y dormitorios de todo tipo. Restaurante y bar con buen ambiente.
✉ Upplandsgatan 2
☎ 46 8 206 920
🖥 www.citybackpackers.se

STF Af Chapman y Skeppsholmen (E)
Recepción abierta las 24 horas. Se trata de un albergue dividido en dos: por un lado, el Af Chapman, un precioso navío blanco de tres palos del siglo XIX, que está cerrado por obras hasta que publiquen su reapertura en la web, y, por el otro, un bonito edificio renovado, en la orilla junto al barco. Se encuentran en la margen oeste de la islita de Skeppsholmen. Tanto las habitaciones en tierra como los pintorescos camarotes a bordo son las estancias más demandadas por la calidad y el confort.
✉ Flaggmansvägen 8
☎ 46 8 463 22 80
🖥 svenskaturistforeningen.se

Den Röda Bäten (E)
Este albergue, cuyo nombre significa "barco rojo", se halla sobre dos embarcaciones de este color amarradas en la orilla norte de Södermalm. Cuenta con capacidad para 97 plazas. Es casi tan agradable y pintoresco como el albergue Chapman. Muy cerca de Gamla Stan. Fuera de temporada ofrece descuentos.
✉ Södermälarstrand Kajplats 10
☎ 46 8 644 43 85
🖥 www.theredboat.com

Para una pausa (*fika*)

En Suecia el término *fika* se utiliza para designar la "pausa del café" en el trabajo o en otras actividades para pasar un rato con los colegas, amigos, o familia. Es toda una institución social en Suecia y se podría comparar con la tradición británica del té. Normalmente se compone de un café y de los tradicionales bollos de canela suecos (*kanelbullar*).

Kaffekoppen

En la plaza Stortorget en Gamla Stan, en el corazón del casco antiguo, muy cerca de la Catedral de Estocolmo y el Palacio Real. Para tomar una taza de buen café bajo una bóveda de bodega.
- ✉ Stortorget 20
- ☎ 46 8 203 170
- ⊙ 9-22 h; vie-sáb 9-23 h
- ⬠ https://cafekaffekoppen. se

Sundbergs Konditori

Como indica orgullosamente en sus toldos, se trata de la pastelería más antigua de Estocolmo. Tiene también una terraza enorme que ocupa media plaza y ofrece cafés, tes, chocolates y bollería, así como platos ligeros y económicos.
- ✉ Järntorget 83
- ☎ 46 8 106 735
- ⊙ 9-20 h

Djurgårdsbron

Un bonito café sobre las aguas que hay junto al puente que da acceso a la isla de Djurgården. Un sitio estupendo para tomar café y disfrutar la caída del sol frente a las fachadas de la ciudad. También restaurante.
- ✉ Galärvarvsvägen 2
- ☎ 46 8 661 44 88
- ⊙ 9-17 h
- ⬠ www.djurgardsbron.se

Ritorno Konditori

Desde 1959 con sus bollos caseros, deliciosos pasteles y buena comida, crea una sensación como de estar en casa. La decoración se ha conservado tal y como estaba cuando abrieron. Sabores genuinos, tanto si solo se toma un café como si se va a comer algo.
- ✉ Odengatan 80
- ☎ 46 8 320 106
- ⊙ Lun-vie 7-20 h; sáb-dom 10-18 h
- ⬠ www.ritorno.se

Vete-Katten

El clásico café con menú de platos ligeros y bebidas. Ambiente agradable y varias estancias donde charlar o pasar el rato.
- ✉ Kungsgatan 55
- ☎ 46 8 208 405
- ⊙ 7.30-20 h; sáb-dom 9-19 h
- ⬠ https://vetekatten.se

Johan & Nyström - Swedenborgsgatan

En el corazón de Södermalm, una cafetería especializada en tuestes de café únicos: "el café es lo importante, el bollo es solo un pequeño extra". No se puede evitar salir con una bolsa de café en la mano.
- ✉ Swedenborgsgatan 7
- ☎ 46 7 079 048 35
- ⊙ 7-18 h; dom 8-18 h
- ⬠ https://johanochnystrom. se

Drop Coffee

Conocido por su café de alta calidad y su ambiente

moderno. Buscan sin descanso por todo el mundo los granos más selectos para tostar en una tostaduría propia en Rosersberg. Comprometidos con la sostenibilidad.

✉ Wollmar Yxkullsgatan 10
☎ 46 7 077 794 88
🕐 8-18 h; sáb-dom 10-17 h
🌐 www.dropcoffee.com

Chokladkoppen
Este café con terraza es un lugar ideal para tomar un café, una infusión o un delicioso helado a la sombra de las casas de colores de Stortorget. Famoso por su chocolate caliente.

✉ Stortorget 18
☎ 46 8 203 170
🕐 10-22 h
🌐 https://chokladkoppen.se

Lejonet och Björnen
De este establecimiento, cuyo nombre significa "el león y el oso", emanan unos deliciosos aromas que invitan al paseante a no perderse bajo ningún concepto sus gofres y pasteles. En verano, sus helados italianos quitan el hipo.

✉ Västerlånggatan 41
☎ 46 3 119 92 44
🕐 11-19 h
🌐 www.lejonetochbjornen.se

Café Albert
Cafetería clásica en Östermalm. Un café económico con carta de dulces aceptable y terraza.

✉ Birger Jarlsgatan 5
☎ 46 8 611 33 11
🕐 9-22 h; vie-sáb 9-24 h

Rosendals Trädgårdskafé
Cafetería en la isla de Djurgården rodeado de jardines, huertos e invernaderos. También sirven comida vegetariana y vegana con productos frescos y deliciosos a muy buen precio para ser Estocolmo.

✉ Rosendalsterrassen 12
☎ 46 7 342 306 73
🕐 11-16 h
🌐 www.rosendalstradgard.se

Flickorna Helin
Restaurante, cafetería y panadería en una hermosa ubicación en Djurgården, en el edificio de cuento de hadas Skånska Gruvan. Platos del día cuidadosamente compuestos con productos de temporada e inspirados en todo el mundo y una buena selección de vinos de la casa y *lagers*. Amplia gama de bollería casera, tartas, bocadillos, zumos y batidos.

✉ Rosendalsvägen 14
☎ 46 8 664 51 08
🕐 Lun-sáb 9-17 h; dom 10-18 h
🌐 www.flickornahelin.se

Mahalo Odengatan
Comida vegana desde 2015 cuyos dueños buscan la aspiración de ser creativos, trabajar con buenos ingredientes y descubrir nuevos sabores. También sirven a domicilio. Otros locales en Södermalm y Kungsholmen.

✉ Odengatan 26
☎ 46 7 372 954 53
🕐 Lun-vie 8-19 h; sáb-dom 9-17 h
🌐 https://mahalosthlm.se

Café Schweizer
Abierto desde 1920, el nombre proviene del término "Schweizeri", originario de principios de 1800, que significa un pequeño café que sirve alcohol. Uno de los lugares *fika* más populares de Estocolmo en el que tomar un bollo de canela, un café recién hecho o una *smörgåstårta* tradicional sueca.

✉ Västerlånggatan 9
☎ 46 8 411 51 77
🕐 Dom-jue 7-19 h; vie-sáb 7-20 h
🌐 www.schweizer.se

Café Cronan
En el corazón del casco antiguo de Estocolmo, un lugar para disfrutar de buenos almuerzos y cafés, así como de cenas en un ambiente a la antigua usanza. Ensaladas, pasteles y aperitivos para acompañar un buen café o una copa de vino o cerveza después de un recorrido por el casco antiguo.

✉ Stora Nygatan 37
☎ 46 8 222 225
🕐 11-22 h
🌐 https://cafecronan.se

Bröd & Salt
Significa "Pan y Sal" y tienen varios locales repartidos por la ciudad. Los tradicionales bollos de canela (*kanelbullar*), una de las especialidades suecas, son aquí artesanos por lo que la calidad está asegurada.

✉ Järntorget 83
☎ 46 7 610 355 09
🕐 7-19 h; sáb-dom 9-18 h
🌐 https://brodsalt.se

Kafé 44
Asociación sin ánimo de lucro que se basa en la participación activa de la gente que disfruta de la poesía, el cine, el teatro, la música y la vida de café.

✉ Tjärhovsgatan 46
☎ 46 8 644 53 12
🌐 https://kafe44.org

▮ Salir de noche

Los noctámbulos se suelen mover por cafés y, durante el verano, por las numerosas terrazas que salpican las grandes ciudades. En Estocolmo hay discotecas y clubes donde escuchar música, bailar y conocer gente, pero suelen cobrar entrada y las bebidas son bastante caras. Para acceder a estos locales se exige una edad mínima de 20 a 26 años en la mayor parte de los casos.

Los pubs, bares y cafés suelen cerrar a las 2 h, aunque las discotecas y clubes pueden estar abiertos hasta las 5 h.

La música en directo, sobre todo de jazz, es relativamente habitual en toda la ciudad, sobre todo en los meses de verano. La noche en Estocolmo está dividida por zonas muy diferenciadas entre sí en cuanto a público, estilos, música y precios.

Se concentra principalmente en dos zonas, a las cuales habría que añadir el centro (Gamla Stan) aunque sus calles no son una zona con animación nocturna en sí misma, cuentan con algunos locales abiertos hasta la madrugada. Suelen ser muy caros y están frecuentados por gente madura.

Las dos zonas principales son: **Stureplan**, la zona más exclusiva de Estocolmo con grandes clubes y discotecas en las que suena la música de moda, con gente elegante y precios altos es, sin duda, el lugar más *cool* y elitista de la ciudad donde casi todo comienza y termina bastante tarde; y **Södermalm**, la zona de moda más alternativa e informal de la ciudad con más bares y pubs que discotecas

o clubes y gente más accesible y bohemia donde los precios son relativamente moderados (para los cánones suecos) y los bares suelen cerrar a las 2 h o las 3 h de la madrugada.

Stureplan

Los clubes y bares más famosos: **Sturecompagniet** (*Stureplan, 4; https://entrgroup.se*), donde el estilo lo es todo; **Spy Bar** (*Birger Jarkgatan, 20; https://entrgroup.se*), que ha mejorado ahora que está algo menos de moda que hace un tiempo aunque sigue atrayendo a celebridades, modelos y miembros de la realeza; **Hyde Stockholm** (*Jakobsbergsgatan 15; www.hydestockholm.se*), una increíble experiencia de club nocturno y un jardín en la azotea; y **Berns** (*Näckströmsgatan 8; https://berns.se/nightlife*), histórico lugar que combina un hotel, varios restaurantes y un club nocturno. Es conocido por sus elegantes interiores y su vibrante vida nocturna.

Södermalm

Los locales más conocidos y recomendables son **Mosebacke** (*Mosebacke Torg 3; https://sodrateatern.com/klubben*), forma parte del Södra Teatern y es uno de los grandes de Estocolmo con club, bar, terraza con vistas y música en directo; **Kvarnen** (*Tjärhovsgatan 4; www.kvarnen.com*), quizá el mejor bar de la ciudad y, sin duda, con la clientela nocturna más interesante de Södermalm; **Pet Sounds Bar** (Skånegatan, 80), donde conviven grupos en directo recomendables; **De-

baser Hornstulls Strand** (*Hornstulls strand 4; www.debaser.se*) uno de los clubes más conocidos de Södermalm, famoso por sus conciertos en vivo y su animado ambiente; **Trädgården** (*Hammarby Slussväg 2; www.tradgarden.com*), club al aire libre muy popular durante los meses de verano con ambiente relajado, música en vivo, DJs y una variedad de actividades de ocio; **Kägelbanan** (*Klevgränd 12A; https://sodrateatern.com*), en el sótano del Södra Teatern, club famoso por sus noches de música electrónica y eventos culturales; y **Patricia** (*Söder-Mälarstrand Kajplats 19; www.patriciastockholm.se*), en un barco anclado, famoso por sus fiestas LGTB los domingos.

Otras zonas

En **Norrmalm** existen algunas opciones como por ejemplo, **Café Opera** (en el edificio de la ópera, en *Karl XII:s Torg; https://cafeopera.se*); la coctelería **MELT** (*Malmskillnadsgatan, 45; www.meltbar.se*) y **Nalen** (Regeringsgatan, 74), un local con varias salas de conciertos.

En la zona de **Gamla Stan** hay varias terrazas, pubs y discos aceptables, aunque bastante caros, junto a algunas de las mejores opciones para escuchar música en directo. Los lugares más destacados son; **Stampen** (*Stora Grämunkegränd 7; www.stampen.se*), donde se puede disfrutar del mejor jazz en directo de esta ciudad, cuna de grandes grupos y sede de algunos de los mejores festivales del mundo.

Teatro, ópera, danza, cine...

Teatro

Kungliga Dramatiska Teatern (Dramaten)
En el hermoso palacio de mármol de Nybroplan desde 1908, el Teatro Dramático Real es el teatro nacional de Suecia, conocido por sus producciones de alta calidad. Tiene cuatro escenarios, el más grande, con capacidad para 770 espectadores.
✉ Nybroplan
☎ 46 8 667 06 80
🖰 www.dramaten.se

Kulturhuset Stadsteatern
Un centro cultural que ofrece una variedad de obras de teatro, cine, conciertos, circo y exposiciones. En 2024 celebró su 50 aniversario con más de 100 millones de visitantes desde su inicio.
✉ Sergels Torg
☎ 46 8 506 202 00
🖰 kulturhusetstadsteatern. se

Oscarsteatern
Desde 1906 este edificio de estilo Art Nouveau con elementos barrocos es famoso por sus musicales y obras de teatro clásicas. Bar y restaurante.
✉ Kungsgatan 63
☎ 46 8 205 000
🖰 www.oscarsteatern.se

China Teatern
Conocido por sus producciones de comedia y musicales fue inaugurado en 1928 con el estreno sueco de la película muda *Anna Karenina* de Greta Garbo. Es uno de los más grandes, con 1.226 asientos en el auditorio, y da al parque Berzelii.
✉ Berzelii park 9
☎ 46 8 562 892 00
🖰 www.chinateatern.se

Södra Teatern
Uno de los palacios de entretenimiento más antiguos (1859) y míticos de Estocolmo con una amplia gama de discotecas, teatro, música y eventos culturales.
✉ Mosebacke Torg 1, 3
🖰 https://sodrateatern.com

Ballet y Ópera

Kungliga Operan
La Ópera Real de Estocolmo es el teatro nacional de ópera y ballet de Suecia. Con un interior lujoso, cuenta con una rica historia desde 1773. El auditorio tiene capacidad para más de 1.100 personas y una lámpara de araña de dos toneladas que cuelga del techo.
✉ Gustav Adolfs torg 2
☎ 46 8 791 44 00
🖰 www.operan.se

Dansens Hus
El principal escenario de Estocolmo para la danza contemporánea y el ballet fue fundado en 1989. Organiza seminarios, conferencias, talleres prácticos, actividades para niños y atractivas exposiciones Su sala principal tiene capacidad para 782 espectadores. Desde 2023 se está llevando a cabo una renovación de todo el edificio. Consultad la web.
✉ Barnhusgatan 12-14
☎ 46 8 508 990 90
🖰 https://dansenshus.se

Mosebacke Etablissement
Parte de Södra Teatern, ofrece espectáculos de danza y teatro contemporáneos, y es perfecto para eventos y todo tipo de celebraciones.
✉ Mosebacke Torg 1, 3
🖰 https://sodrateatern.com

Cine

Filmstaden Sergel
Uno de los cines más grandes y modernos de Estocolmo, ubicado en el centro de la ciudad. Tiene varias salas y tiendas para comprar refrescos, palomitas, golosinas, etc.
✉ Hötorget 3
☎ 46 8 562 600 00
🖰 www.filmstaden.se

Capitol
Un cine independiente que muestra películas suecas e internacionales de autor, aunque también grandes estrenos. Sala *art déco* de lujo, con cómodas butacas, en la que se sirven platos exquisitos y cócteles. En su contra que es un poco caro.
✉ Sankt Eriksgatan 82
☎ 46 8 511 657 81
🖰 www.capitolbio.se

Grand
Situado en Norrmalm, es conocido por su ambiente elegante y su selección de películas de calidad. Cine con estilo antiguo, 4 salas y un puesto para chucherías.
✉ Sveavägen 45
🖰 www.filmstaden.se

Zita Folkets Bio
Un cine independiente que muestra películas suecas e internacionales de autor y donde también se puede comer o beber algo en el bar.
✉ Birger Jarlsgatan 37
☎ 46 8 232 020
🖰 www.zita.se

Bio Rio
Un cine histórico en Hornstull que ofrece una mezcla de películas clásicas y contemporáneas.
✉ Hornstulls strand 3
🖰 www.biorio.se

El cine sueco

Viene marcado por la monumental figura de Ingmar Bergman. Sin embargo, no es la única personalidad destacada de la industria cinematográfica de este país. Victor Sjöström y Mauritz Stiller ocupan un lugar de honor entre los realizadores pioneros del cine europeo con títulos como *El vampiro* (1913). Fue precisamente Stiller quien lanzó a la fama a Greta Garbo, la divina, quizá la estrella más rutilante y mítica del cine de todos los tiempos.

Ingmar Bergman

En sus 60 años de carrera como escritor y director de cine y teatro, Ingmar Bergman (1918-2007) ha sido, probablemente, el autor que más ha influido en la cultura contemporánea sueca y en buena parte de la creación artística occidental. Su abrumadora figura no solo ha definido el cine de su país durante décadas, sino que ha marcado la propia identidad nacional y su imagen en el extranjero. Sus películas tratan temas existencialistas y universales como la muerte, la soledad o la fe con una profundidad y sensibilidad extraordinarias. Su capacidad de análisis del la psique humana, sus abismos y sus motivaciones no tiene parangón en el séptimo arte. Su estilo es difícil, oscuro, grave y denso, casi depresivo en su forma y conclusiones, lo que le ha granjeado una fama quizá inmerecida de autor melancólico y pesimista.

La divina Greta Garbo

Greta Lovisa Gustafsson, de nombre artístico Greta Garbo, nació en Estocolmo en 1905. Tras estudiar en la prestigiosa Academia Real de Arte Dramático de su ciudad natal, a los 19 años tuvo su primer papel como actriz principal en *La leyenda de Gösta Berling*, una obra del célebre director sueco Mauritz Stiller quien, tras el éxito del film, decidió llevarla consigo a Hollywood. Fue la estrella con más *glamour* de los años 20 y 30 no solo por su extraordinaria belleza, su inigualable estilo, su exotismo y su calidad artística, sino por su misteriosa y extraña vida. Siempre alejada de los acontecimientos y fiestas sociales, extremadamente celosa de su intimidad y amante acérrima de la soledad, la Garbo jamás concedió una entrevista, no firmó un solo autógrafo y nunca acudió a un estreno. Greta Garbo murió en 1990 a los 84 años de edad. Sus restos reposan en el cementerio de Skogskyrkogården en Estocolmo.

Pero el cine sueco de fama mundial ha dado otros nombre muy notables entre los que descollan **Ingrid Bergman** (*Casablanca, Luz que agoniza* o *Juana de Arco*) **Max von Sydow** (*El séptimo sello, El exorcista, Dune* o *Minority Report*), **Peter Stormare** (*Fargo, El gran Lebowsky, Dancer in the dark*), **Stellan Skarsgård** (*Rompiendo las olas, Good Will Hunting, Dogville* o *Goya's ghosts*), **Anita Ekberg** (*La dolce vita*), **Bibi Andersson**, la actriz favorita de Bergman, o **Dolph Lundgren** (el Iván Drago de *Rocky IV*).

Entre los directores más destacados de la actualidad cabe mencionar al americanizado **Lasse Hallström** (*Mi vida como un perro, Las normas de la casa de la sidra*), además de los más exitosos representantes del nuevo cine sueco, como **Lukas Moodysson, Josef Fares** o **Thomas Alfredsson**.

Las películas suecas más elogiadas por la crítica en los últimos años han sido *Lilja para siempre, ¡Yala, yala!, Policías, Sobre Sara, Déjame entrar , The Square* y las de animación *Metropia* y *Border*.

Ir con niños

Djurgården

Entrar en la isla a través de la Puerta Azul es la mejor manera de hacer una escapada a la naturaleza siguiendo en el centro de la ciudad. Dentro se encuentran varios parques, muchos de los museos más importantes de Estocolmo y se pueden hacer numerosas actividades al aire libre. Un verdadero vergel para que los niños corran todo lo que quieran. Más información en el **Centro de Visitantes** del parque Real de Djurgården.

- ✉ Djurgårdsvägen 2
- ☎ 46 8 667 77 01
- 🏠 https://royaldjurgarden.se

Skansen

Sin salir de la isla de Djurgården, Skansen es el museo al aire libre más antiguo del mundo que trata de la historia sueca, con edificios, personas en trajes de época, un acuario y un zoo con animales nórdicos. Una pequeña Suecia en miniatura, muestra casas y granjas de todas las partes del país. El **Zoológico de los Niños** cuenta con animales domésticos como gatos, conejos y conejillos de indias, así como pequeños animales salvajes. Les encantará.

- ✉ Djurgårdsslätten 49-51
- ☎ 46 8 442 82 00
- 🕐 Diario 10-15/16 h
- 🏠 https://skansen.se

Junibacken

También en la isla de Djurgården, un centro cultural dedicado a la literatura infantil, especialmente a las obras de Astrid Lindgren, con teatro, obras interactivas, un tren de cuento de hadas y una gran zona de juegos.

- ✉ Galärvarvsvägen 8
- ☎ 46 8 587 230 00
- 🕐 Mar-dom 10-17 h
- 🏠 www.junibacken.se

Tom Tits Experiment

Un museo de ciencia, por supuesto interactivo, a unos 40 km de la ciudad. Más de 400 experimentos realizables por cualquier persona, independientemente de la edad. Entre mayo y septiembre, las aventuras continúan al aire libre con muchas actividades en las que interviene el agua, por lo que existe un riesgo real de que los niños terminen empapados.

- ✉ Storgatan 33, Södertälje
- ☎ 46 8 550 225 00
- 🕐 Diario 10-17 h
- 🏠 www.tomtit.se

Livrustkammaren (Armería Real)

Es un museo con equipos ceremoniales, armas y trajes que se encuentra en el Palacio Real de Estocolmo, con entrada por el comienzo de Slottsbacken desde Skeppsbron. Como en casi todos los museos de Estocolmo existe una sección para niños llamada **La pequeña armería**, donde los niños pueden disfrazarse de reyes y caballeros y explorar carruajes y ropajes reales.

- ✉ Slottsbacken 3
- ☎ 46 8 402 30 30
- 🕐 Mar-dom 11-17 h
- 🏠 https://livrustkammaren.se

Gröna Lund

Uno de los parques de atracciones más antiguos del mundo con montañas rusas y juegos para todas las edades. Una visita a Gröna Lund siempre es sinónimo de emoción y entretenimiento para toda la familia pues está lleno de atracciones para niños y jóvenes, valientes y no tan valientes.

- ✉ Lilla Allmänna Gränd 9
- ☎ 46 1 070 891 00
- 🕐 Abril, mayo y septiembre, jue-dom 10-22 h; Junio-Agosto, diario 10-22 h
- 🏠 www.gronalund.com

Stockholm Toy Museum

Un museo dedicado a los juguetes, con una gran colección histórica. Exposiciones pensadas para ser tocadas y exploradas; niños y adultos pueden interactuar, haciendo que cada visita sea entretenida. Los adultos recordarán los juguetes de su juventud, mientras que los niños descubrirán juegos nuevos y emocionantes.

- ✉ Svenskundsvägen 5
- ☎ 46 8 599 084 30
- 🕐 10-17 h
- 🏠 https://toymuseum.se

Museo de Historia de Suecia

Ofrece actividades interactivas para niños y familias. Visitas guiadas especiales para niños y jovenes divididas por grupo de edades. En los meses de verano se realizan en el exterior actividades para niños, como por ejemplo el tiro con arco.

- ✉ Narvavägen 13-17
- ☎ 46 8 519 556 00
- 🕐 Mar-dom 11-17 h
- 🏠 https://historiska.se

Birka Vikingastaden

Una excursión a la **isla de Birka** para aprender sobre los vikingos. Ofrece una variedad de actividades interactivas y educativas que permiten a los más pequeños sumergirse en la vida vikinga.

- ☎ 46 8 120 040 00
- 🕐 May-Sep, jue-dom 11-15 h
- 🏠 birkavikingastaden.se

Museos de arte

Nationalmuseum
El museo de arte más importante de Suecia, con una vasta colección de pinturas, esculturas, dibujos, grabados y artes decorativas desde la Edad Media hasta la actualidad.
- ✉ Södra Blasieholmshamnen 2
- ☎ 46 8 519 543 00
- ⏰ Mar-dom 11-17 h
- 🌐 www.nationalmuseum.se

Moderna Museet
Especializado en arte moderno y contemporáneo, con obras de artistas como Picasso, Dalí y Warhol, así como fotografías desde 1840 en adelante. La colección se ha ampliado con artistas femeninas pioneras desde el siglo XX en adelante.
- ✉ Exercisplan 4
- ☎ 46 8 520 235 00
- ⏰ Mar-dom 10-18/20 h
- 🌐 www.modernamuseet.se

Prins Eugens Waldemarsudde
Ubicado en Djurgården, este museo alberga la colección de arte del príncipe Eugenio, incluyendo muchas pinturas suecas y exposiciones temporales. El museo consta del edificio principal, "El Castillo", que fue construido en 1905 como residencia para el Príncipe Eugenio, y el edificio de la galería, que se agregó en 1913. En el hermoso parque y jardín del príncipe hay esculturas de Carl Milles, entre otros.
- ✉ Prins Eugens Väg 6
- ☎ 46 8 545 837 00
- ⏰ Mar-dom 11-17 h
- 🌐 https://waldemarsudde.se

Thielska Galleriet
Situado en un palacio blanco y resplandeciente, bellamente situado en Djurgården, este museo presenta una impresionante colección de arte escandinavo de finales del siglo XIX y principios del XX, pero también de maestros europeos de esa misma época como Paul Gauguin y Henri de Toulouse-Lautrec. En el frondoso y montañoso parque, con hermosas vistas de los alrededores, hay varias esculturas de, entre otros, Auguste Rodin, Tobias Sergel y Gustav Vigeland.
- ✉ Sjötullsbacken 6
- ☎ 46 8 662 58 84
- ⏰ Mar-dom 12-17 h
- 🌐 www.thielskagalleriet.se

Fotografiska
En el edificio de la la Real Aduana de Estocolmo, aunque principalmente es un museo de fotografía, también exhibe obras de arte visual y pintura contemporánea.
- ✉ Stadsgårdshamnen 22
- ☎ 46 8 509 005 00
- ⏰ Diario 10-23 h
- 🌐 https://stockholm.fotografiska.com

Sven-Harrys Konstmuseum
Un museo de arte en Vasastan que muestra tanto exposiciones temporales como la colección privada de Sven-Harry Karlsson, pero sobre todo la réplica de la casa solariega del siglo XVIII de Sven-Harry con muebles, alfombras y obras de arte.
- ✉ Eastmansvägen 10
- ☎ 46 8 509 005 00
- ⏰ Mar-vie 10-18/20 h; sáb-dom 11-17 h
- 🌐 https://sven-harrys.se

Bonniers Konsthall
La galería de arte tiene sus orígenes en la Fundación Maria Bonnier Dahlin, fundada en 1985, y que otorga becas a jóvenes artistas suecos cada año. Un espacio de arte contemporáneo que presenta exposiciones de artistas suecos e internacionales no tan conocidos.

La pintura sueca

La segunda mitad del siglo XIX fue la época de los pintores suecos de mayor reconocimiento internacional. El creador más celebrado de estos años de Romanticismo nacionalista es **Carl Larsson**, autor de coloridas acuarelas y grandes murales mitológicos. Otro pintor de renombre fue **Anders Zorn**, que hizo fama gracias a sus magistrales retratos de personajes célebres realizados con la técnica del aguafuerte, aunque sus óleos y acuarelas, de gran influencia en artistas como Sorolla, son también de extraordinaria calidad.

Otros autores como el naturalista **Bruno Liljefors** o el retratista **Ernst Josephson** completaron una auténtica Edad de Oro de la pintura sueca. El siglo XX fue el momento de la consagración. Pintores cubistas como **Nilsson**, naïf como **Linnqvist** o abstractos como **Carlsund**, han situado a la pintura sueca en la vanguardia del arte europeo.

✉ Torsgatan 19
☎ 46 8 736 42 55
◷ Mie-dom 12-20 h
🖥 https://bonnierskonsthall.se

Liljevalchs Konsthall

Inaugurado en 1916, está ubicado en Djurgården y es conocido por sus exposiciones de arte contemporáneo y moderno. Interesante edificio del arquitecto Carl Bergsten utilizando la nueva técnica de construcción con hormigón. En la entrada principal hay una escultura y un relieve de Carl Milles.
✉ Djurgårdsvägen 60
☎ 46 8 508 313 30
◷ Diario 11-17/20 h
🖥 https://liljevalchs.se

Artipelag

Situado en el archipiélago de Estocolmo, este museo combina arte, naturaleza y arquitectura en un entorno espectacular. Los artistas expuestos son de primer nivel: Anselm Kiefer, Vik Munic, etc. Pasarela de madera junto al mar para ir viendo las esculturas que la adornan. Tienda y restaurante. Entrada gratuita.
✉ Artipelagstigen 1
☎ 46 8 570 130 00
◷ Mar-dom 11-17 h
🖥 https://artipelag.se

Galleri Magnus Karlsson

Se encuentra en la planta baja de la Real Academia Sueca de Bellas Artes. Galería de arte contemporáneo con obras de artistas suecos e internacionales.
✉ Fredsgatan 12
☎ 46 8 660 43 53
◷ Mar-sáb 12-17 h
🖥 gallerimagnuskarlsson.com

La literatura sueca

Los suecos son grandes lectores y, quizá por ello, a pesar de tener una lengua minoritaria, siempre han contado con autores de notable calidad. Los más importantes son, probablemente, **August Strindberg**, **Pär Lagerkvist**, Premio Nobel de Literatura de 1951, y **Vilhelm Moberg**, autor de la tetralogía *Los emigrantes*.

En la actualidad, los más célebres son **Henning Mankell**, creador del famoso inspector Kurt Wallander, protagonista de una serie policíaca de enorme popularidad en toda Europa con títulos como *Asesinos sin rostro, Los perros de Riga* o *La leona blanca*, y **Stieg Larsson**, cuya trilogía *Millenium* ha alcanzado sorprendentes récords de ventas en todo el mundo.

Suecia destaca, además, por dos escritoras de novela juvenil de renombre internacional: **Astrid Lindgren**, creadora de la inolvidable *Pippi Calzaslargas* (Pippi Långstrump, en sueco) y **Selma Lagerlöf**, rostro de los billetes de 20 coronas, Nobel de 1909 e inventora del personaje de Nils Holgersson, con el que logró dar vida a las tradiciones seculares del pueblo sueco en un lenguaje ameno y comprensible para los niños.

Compras

Estocolmo ofrece a los visitantes un amplio abanico de opciones de compras, pero una de las ventajas que tiene es que, gracias a su tamaño, se pueden recorrer a pie las mejores zonas. Desde mercados históricos con productos locales hasta modernas boutiques de lujo, moda escandinava o diseño de interiores, en avenidas atiborradas de gente, cada lugar tiene algo que ofrecer.

Qué comprar

Dalahäst. Es un caballo de madera pintado a mano con tonos rojos y azules que antaño era el principal juguete de los niños de la provincia sueca de Dalarna. Hoy en día, es todo un símbolo de Suecia y un buen recuerdo de la ciudad.

Objetos vikingos. Gorros con cuernos, hachas, barbas postizas, cuernos para reclamar ayuda, etc. Por todas partes aparecen los *souvenirs* que recuerdan a sus antepasados guerreros.

Zuecos de madera. Son el calzado tradicional de Suecia. Siempre de moda, en las tiendas se pueden encontrar zuecos modernos junto a los tradicionales de madera.

Cristal sueco. Es uno de los productos más conocidos del país, con reconocimiento mundial. En las tiendas de regalos de Estocolmo se ven pequeñas figuras de cristal, pero lo ideal es ir a las tiendas especializadas para comprar un producto de calidad.

Muebles. No es ninguna novedad que a la población nórdica le encanta el diseño de interiores. En la capital hay numerosas tiendas de decoración, de muebles y de complementos de diseño. No hay que olvidar que la famosa Ikea nació aquí.

Antigüedades. Se encuentran sobre todo en las pequeñas tiendas de las estrechas callejuelas de Gamla Stan, llenas de objetos curiosos pero también de productos de calidad.

Dulces. No resultará difícil encontrar una pastelería o una cafetería en la que poder degustar y luego comprar todo tipo de dulces, una de las pasiones de los suecos.

Calles y zonas de compras

Drottninggatan
Si se pregunta en Estocolmo por la mejor zona de compras de la ciudad, todo el mundo contestará que es Drottninggatan. En sus casi 3 km de su recorrido peatonal se apiñan tiendas de recuerdos, de ropa, productos típicos, cafeterías y un largo etcétera. Conecta la parte nueva con el casco histórico y siempre está abarrotada tanto de lugareños como de turistas.

Gamla Stan
Es el centro histórico de la ciudad y un buen lugar para las compras. Las tiendas de esta zona llena de turistas están especializadas en recuerdos y antigüedades, pero hay un poco de todo.

Östermalm
El distrito de Östermalm concentra la mayor parte de las tiendas de lujo y las boutiques de moda exclusiva. Junto a las tiendas de los diseñadores más reconocidos del mundo están también las de los diseñadores locales.

Södermalm
Las mejores tiendas de diseño escandinavo, artesanía o *vintage* se concentran en el barrio de Södermalm, la zona con el ambiente más *hipster* de Estocolmo.

Centros comerciales de Estocolmo

Åhléns
Los grandes almacenes de la empresa Åhléns, fundada en 1899, son uno de los centros comerciales más grandes de Estocolmo, con más de 1.000 marcas propias. Se encuentran en pleno corazón de la ciudad y son los más visitados por turistas y locales. Con sucursales por toda Suecia, además de los productos habituales, aloja varios restaurantes.
✉ Klarabergsgatan 50
☎ 46 8 676 60 00
🕐 10-20 h; sáb-dom 10-19 h
🖳 www.ahlens.se

NK Stockholm
En un edificio modernista en el que se instaló la primera escalera mecánica de Suecia, este centro comercial es uno de los más antiguos de Estocolmo y también el que alberga las marcas más exclusivas. Puede ser también una visita turística.
✉ Hamngatan 18-20
☎ 46 8 762 80 00
🕐 10-19 h
🖳 www.nk.se

Gallerian
Muy cerca de los anteriores, para muchos este es el lugar preferido para ir de compras en el centro de la ciudad. Inaugurado en los años setenta, ha sabido evolucionar con los tiempos y, en sus más de 800 espacios, hay lugar para cafeterías y restaurantes, gimnasio o incluso un centro de bienestar.
✉ Hamngatan 37
☎ 46 7 220 045 49
🕐 10-20 h
🖳 www.gallerian.se

Sturegallerian
Situado en Stureplan, es célebre por su decoración refinada, sus tiendas exclusivas y su ambiente elegante. Los bares, cafeterías

▲ El primer IKEA del mundo se instaló en el centro comercial Kungens Kurva.

y restaurantes suelen estar muy concurridos.
✉ Sturegatan 4
☎ 46 8 400 080 00
🕐 10-19 h; sáb-dom 10-17 h
🖳 https://sturegallerian.se

Mall of Scandinavia
En Solna, a unos 7 km de la ciudad, es el centro comercial más grande de Escandinavia. Además de por sus tiendas de las principales marcas mundiales, merece una visita por su moderno edificio de cuatro plantas y atrevido diseño.
✉ Stjärntorget 2
☎ 46 8 400 080 00
🕐 10-21 h
🖳 www.westfield.com

Globen Shopping
Cerca del Avicii Arena, ofrece una amplia variedad de tiendas y restaurantes en un ambiente relajado.
✉ Arenavägen 61
☎ 46 10 482 72 13
🕐 10-19 h; sáb-dom 10-17 h
🖳 https://globenshopping.se

Deporte

Los habitantes de Estocolmo valoran muchísimo las posibilidades que ofrece la ciudad para hacer deporte gracias a sus innumerables zonas verdes, que destacan por lo bien cuidadas que están y su alto grado de equipamiento para practicar diversas disciplinas.

Para sentirse un verdadero estocolmense durante la visita turística se puede practicar ejercicio en los numerosos espacios al aire libre que se encuentran por todos lados, pero si el tiempo no acompaña hay también numerosos lugares donde ejercitarse sin sufrir las inclemencias del tiempo.

Al aire libre

Hellasgården

Un área recreativa en Nacka con senderos para correr, nadar y esquiar en invierno.

📧 Ältavägen 101, Nacka
☎ 46 8 716 39 61
🕐 8.45-21 h;
sáb-dom 8.45-18 h
🌐 https://hellasgarden.se

Kungliga Tennishallen

Un club de tenis con instalaciones tanto interiores como exteriores. Gimnasio.

📧 Lidingövägen 75
☎ 46 8 459 15 00
🕐 7.30-21.30 h;
sáb-dom 8.30-19 h
🌐 www.kltk.se

Stadion

El estadio olímpico de Estocolmo, ideal para practicar atletismo y otros deportes.

📧 Lidingövägen 1
☎ 46 7 392 190 07
🕐 6.30-21.30 h;
sáb-dom 7.30-21.30 h
🌐 https://foreningsservice. stockholm

Zinkensdamms IP

Un complejo deportivo en Södermalm con campos de fútbol con césped artificial, pistas de atletismo y un campo de *bandy*, una modalidad de hockey sobre hielo.

📧 Ringvägen 16
☎ 46 7 392 190 56
🕐 6.30-22 h

Gärdet

Un gran parque en el centro de Estocolmo, perfecto para correr, montar en bicicleta y hacer picnic. Se suelen celebrar muchos eventos.

📧 Ladugårdsgärdet
🕐 24 h

Hammarbybacken

Una colina en el centro de la ciudad, ideal para esquiar y hacer snowboard en invierno (admiten principiantes). En verano tiene numerosas actividades como el parque de escalada, una montaña rusa por la ladera de la colina, descensos en grandes flotadores, tirolinas, etc.

Deportes

Suecia ha dado grandísimas figuras en distintas especialidades, como el tenis, en el que destacan el inimitable **Björn Borg**, considerado uno de los tenistas más grandes de la historia, **Mats Wilander** o **Stefan Edberg**. Además, han destacado también en sus deportes **Jan-Ove Waldner**, una leyenda viva del tenis de mesa tanto en Suecia como en China, **Gunnar Nordahl**, uno de los futbolistas con mayor número de goles anotados de la historia, **Ingemar Stenmark**, mítico esquiador, o **Annika Sörenstam**, la mejor golfista de todos los tiempos.

En atletismo, además de **Carolina Klüft**, dominadora del heptatlón durante muchos años, llama la atención el talento de Suecia en la especialidad de salto de altura, como lo demuestran las figuras de **Patrik Sjöberg**, antiguo plusmarquista mundial de salto de altura, y **Stefan Holm**, medalla de oro en Atenas 2004. Por supuesto hay que nombrar en la especialidad de salto con pértiga a **Armand Duplantis**, que posee el record mundial con la increíble altura de 6,26 m.

En los deportes de equipo, Suecia es una potencia mundial de primera fila en hockey hielo (siete veces campeones del mundo y dos veces medalla de oro en las olimpiadas), balonmano (cuatro veces campeones del mundo y el nombrado "jugador del siglo xx", **Magnus Wislander**) y fútbol (dos veces subcampeones del mundo y una vez campeones olímpicos). Precisamente, en este deporte podemos encontrar varios jugadores en la elite mundial, como **Zlatan Ibrahimovich**, **Henrik Larsson** o **Fredrik Ljungberg**.

✉ Lidingövägen 1
🚇 74
🕐 Invierno: 15-21 h;
sáb-dom 9-17 h; verano,
más amplio, véase web
🌐 www.skistar.com

En interior

Eriksdalsbadet
Un gran complejo deporti-
vo con piscinas, gimnasio
y zonas para deportes
acuáticos.
✉ Hammarby Slussväg 20
📞 46 8 508 402 50
🕐 6-21 h; sáb-dom 8-20 h
🌐 https://motionera.
stockholm

Klättercentret Telefonplan
Un centro de escalada en
Midsommarkransen, ideal
para escaladores de todos
los niveles. Cursos con ins-
tructor.
✉ Tellusgången 22-24
📞 46 8 508 402 50
🕐 7-22 h; sáb-dom 9-22 h
🌐 www.klattercentret.se

SATS SoFo
Pertenece a una cadena
de gimnasios con múltiples
ubicaciones en Estocolmo,
ofreciendo una variedad
de clases y entrenamien-
tos personalizados: artes
marciales, pilates, etc. Sauna, fisoterapia,...
✉ Kocksgatan 12
📞 46 1 011 059 00
🕐 6-23 h; sáb-dom 8-20 h
🌐 www.sats.se

Pdl Center Frihamnen
Un centro especializado en
pádel en Östermalm con
15 pistas cubiertas y 6 al
aire libre. Se puede alquilar
el material en máquinas.
✉ Palermogatan 34
📞 46 8 410 417 68
🕐 24 h
🌐 www.matchi.se

Friskis & Svettis
Otra popular cadena de
gimnasios con varias se-
des en la ciudad, conocida

por sus clases grupales y
ambiente amigable. Club
senior y fisioterapeutas.
✉ Mäster Samuelsgatan 20
📞 46 8 429 70 03
🕐 5-23 h; vie-sáb 5-21 h
🌐 www.friskissvettis.se

Stockholm Kampsport
Escuela de artes marcia-
les con entrenamientos
en kickboxing, boxeo tai-
landés y MMA, además
de otros entrenamientos
físicos.
✉ Gästrikegatan 11
📞 46 8 429 70 03
🕐 6.20-21 h;
sáb-dom 9.30-14 h
🌐 https://kampsport.se

Wasa Club
Gran gimnasio de dos
plantas para realizar una
amplia gama de ejercicios,
5 pistas de squash y una
sala de fitness vacía para
clases grupales.
✉ Kungstensgatan 44
📞 46 8 303 225
🕐 6.30-22.30 h;
sáb-dom 9-18 h
🌐 https://wasaclub.se

▲ Vista del Avicii Arena,
un recinto cubierto
donde se celebran
eventos culturales,
deportivos y musicales.

Fitness24Seven
Un spa y gimnasio en el
centro de Estocolmo, per-
fecto para combinar ejer-
cicio y relajación. Uno se
puede hacer socio desde
la web y empezar a entre-
nar enseguida con un sis-
tema de entrada desde el
móvil. Gimnasio femenino
independiente.
✉ Hornsgatan 150
🕐 24 h
🌐 https://kampsport.se

Delta Gym
Desde 1992, es uno de los
gimnasios más históricos
de Suecia, especializado en
culturismo y fitness. Pases
de varias duraciones.
✉ Hälsingegatan 5
📞 46 8 308 652
🕐 7-21.30 h;
sáb-dom 9-19 h
🌐 https://deltagym.com

Información Práctica

▌ Embajadas y consulados

– En España
Embajada de Suecia
✉ Caracas, 25. Madrid
☎ 91 702 20 00
🖥 www.swedena-broad.se/madrid

Consulado de Suecia en Barcelona
✉ Mallorca 279, 4, 3ª
☎ 93 488 35 05
🖥 www.swedena-broad.se

– En Estocolmo
Embajada de España
✉ Djurgårdsvägen 21 (isla de Djurgården)
☎ 46 8 52 280 800
🖥 www.exteriores.gob.es.
☎ Teléfono de emergencia:
46 70 304 23 22.

Oficina de Turismo de España
✉ Kungsgatan 33
☎ 46 8 611 21 05

Instituto Cervantes
✉ Bryggargatan 12ª
☎ 46 8 440 17 60
🖥 https://estocolmo.cervantes.es

Stockholm Visitor Center
✉ Djurgårdsvägen 2
☎ 46 8 667 77 01
🖥 https://royaldjur-garden.se

ANTES DE PARTIR

▌ Qué llevar

Suecia forma parte de la Unión Europea y es país firmante del acuerdo Schengen, por lo que las formalidades requeridas a los ciudadanos españoles para atravesar sus fronteras son mínimas. Para entrar en Suecia es suficiente presentar el **Documento Nacional de Identidad**, aunque, para evitar que se produzcan posibles demoras o complicaciones en las aduanas, es siempre recomendable que se disponga del **pasaporte** en regla.

▌ Cuándo ir

Tratándose de un país escandinavo como Suecia, parece obvio que la mejor época del año para visitar Estocolmo es el **verano**. Concretamente en Estocolmo, la estación veraniega es cuando el clima es más benigno, hay más luz y también cuando los precios son más bajos. Además, todos los lugares de interés tienen horarios mucho más amplios y los transportes funcionan con mayor frecuencia. No obstante, agosto puede resultar bastante lluvioso si la suerte no acompaña.

La **primavera** es luminosa y tibia y, aunque las precipitaciones suelen ser habituales, resulta una temporada con menos visitantes. En **otoño**, a esta hermosa ciudad se une la poética belleza de los árboles dorados y los atardeceres melancólicos que preludian los largos días de frío

En **invierno** se puede disfrutar de la nieve y, quizá, del auténtico carácter nórdico de los suecos. Es entonces cuando se reúnen en sus casas para innumerables cenas y largas veladas donde retornan a la vida serena y tranquila que tanto aprecian tras los agitados meses de verano.

▌ Clima

A pesar de ser uno de los países más alejados del ecuador, Estocolmo tiene un clima bastante moderado. La benigna influencia del mar sobre las largas costas y la relativa protección de las cadenas montañosas situadas en la frontera con Noruega hacen que las temperaturas invernales no sean tan frías como en otras zonas de la Europa septentrional. Como evidencia el brillante verde de los campos, las precipitaciones son abundantes en todo el país, si bien resultan más frecuentes en el final del verano y en otoño.

Los meses más cálidos son julio y agosto, cuando las temperaturas suelen mantenerse entre 15 y 25 ºC en Estocolmo. El frío arrecia más en los meses de diciembre, enero y febrero, fechas en las que el termómetro no sube de los 0 ºC.

En cuanto a las horas de luz, hay que tener en cuenta dos cuestiones fundamentales. En primer lugar, la latitud de Suecia hace que la variación de horas de luz solar entre el invierno y el verano sea muy acusada. En segundo lugar, la notable longitud del país da lugar a enormes diferencias en este sentido entre las áreas meridionales y las situadas en el norte. Quienes estén interesados en el tema meteorológico pueden obtener información en la web del **Sveriges Meteorologiska Institut** (Instituto Meteorológico de Suecia): *www.smhi.se.*

I Aduana

Está permitido introducir en Suecia unas cantidades limitadas de alcohol y tabaco libres de exacciones aduaneras e impuestos fiscales. Está prohibida la introducción de alcohol por personas menores de 20 años y de tabaco o productos derivados por menores de 18 años. Entrar en el país en compañía de animales domésticos está regulada por la **Jordburksverket** (Oficina Sueca de Agricultura), en cuya web (*https://jordbruksverket.se*) se puede encontrar más información. En general, las autoridades del país exigen que el animal lleve un chip ISO de identificación, que esté convenientemente vacunado y que cuente con el pasaporte para animales domésticos regulado por la UE. Para otras consultas sobre la entrada de estos productos y otros elementos susceptibles de control aduanero (carne, medicinas, armas, animales en peligro de extinción) recomendamos acceder a la web del **Tullverket** (Servicio de Aduanas de Suecia), *www.tullverket.se.*

I Moneda

La moneda oficial de Estocolmo es la **corona sueca** (*krona* en singular, *kronor* en plural), generalmente abreviada como SEK o KR. Una corona equivale a 100 öre. Existen monedas de 50 öre y de 1, 2, 5 y 10 coronas. Los billetes son de 20, 50, 100, 500 y 1.000 coronas.

La corona sueca mantiene un sistema voluntario de bandas de fluctuación fijas en relación al euro, lo que le da una gran estabilidad respecto de la divisa de la Unión Monetaria. El tipo de cambio de la corona ha oscilado, desde el nacimiento de la moneda única, entre las 9 y las 12 coronas por euro. Si bien Suecia

I Llevar tabaco o alcohol

Dado que los precios de estos dos productos son por lo general más altos que en España, una forma de ahorrar si se van a consumir es llevarlos en la maleta.

Como orientación, decir que un paquete de tabaco está por encima de los 6 euros y una botella de vodka unos 20.

I Dinero efectivo

En Estocolmo no es nada recomendable quedarse sin calderilla porque acaba siendo siempre necesaria. Un ejemplo basta para comprobarlo: en la gran mayoría de los aseos (incluso en centros comerciales) es necesario introducir monedas para utilizarlos (aprox. 1 euro al cambio).

decidió no adoptar el euro tras el referéndum de septiembre de 2003, la moneda europea es universalmente aceptada en el país, por lo que, en caso de necesidad, puede ser utilizada.

Lo más recomendable para cambiar moneda es acudir a los establecimientos denominados Forex (*www.forex.se*). Suelen abrir a diario de 10 h a 18 h. En Estocolmo, esta empresa dispone de numerosas oficinas en los aeropuertos de Arlanda y Skavsta, Estación Central, Cityterminalen, Götgatan 94, Kungsgatan 2, Sveavägen 24, Sveriguehuset, T-banehallen y Vasagatan 14.

▌ Hora oficial

En toda Suecia se aplica el horario **GMT + 1**, es decir, el mismo que en la España peninsular. Los relojes se adelantan una hora a principios del verano y se retrasan de nuevo al comenzar el invierno.

CÓMO IR

▌ En avión

La situación geográfica de Estocolmo y, sobre todo, su importancia económica, sociopolítica y turística lo convierten en el centro neurálgico de los transportes de larga distancia en Suecia. Junto con Malmö, el nudo sur conectado con Copenhague, es la puerta de entrada más habitual al país.

Desde Madrid se puede volar directamente con Norwegian Air International, Iberia y Finnair. Desde Barcelona, opera la compañía de bajo coste Vueling. Al ser un destino muy demandado por los turistas suecos, también hay vuelos desde Bilbao, Valencia, Málaga, Palma de Mallorca y Tenerife. El principal aeropuerto de Estocolmo es Arlanda, si bien existen otro dos, Bromma y Skavsta, que también dan servicio a esta ciudad.

Arlanda (*telf. 46 1 010 910 00; www.swedavia.se/arlanda*) está a 40 km al norte de la capital, a medio camino entre Estocolmo y Uppsala, y gestiona los vuelos internacionales de las aerolíneas más importantes, así como gran cantidad de rutas nacionales.

Bromma (*telf. 46 1 010 940 00; www.swedavia.se/bromma*) se sitúa a 8 km al oeste de la ciudad. Sirve vuelos nacionales y unos pocos internacionales de la British Airways.

Por su parte, **Skavsta** (*telf. 46 1 552 804 00; www.skavsta.se*) se encuentra 100 km al sur de Estocolmo, cerca de Nyköping. La única aerolínea que opera en vuelos internacionales es Ryanair, aunque trabajan otras para vuelos nacionales.

▌En coche

Conducir desde Madrid hasta Estocolmo implica recorrer unos 3.300 km con un coste en peajes de unos 150 € y 300 € en gasolina. Las carreteras son, en la mayor parte del recorrido, excelentes.

Reglas de circulación y combustible

El carácter sueco es estrictamente respetuoso con las normas y, desde luego, las de tráfico no son ninguna excepción. Entre las normas de circulación hay que recordar que se conduce por la derecha, como en España; las luces de cruce son obligatorias tanto de día como de noche; es obligatorio el uso de neumáticos con clavos durante el invierno en los vehículos con matrícula sueca; el límite de alcohol es de 0,2 gramos por litro de sangre y las limitaciones de velocidad son de 110 km/h en autopista, 90-70 km/h en carretera y 50 km/h en el casco urbano.

Las carreteras suelen estar en excelentes condiciones y los atascos son poco comunes. En invierno las condiciones climáticas pueden llegar a ser muy adversas, por lo que siempre hay que contar con suficiente combustible de reserva, luces antiniebla y neumáticos en buenas condiciones.

En Suecia utilizan gasolina de 95 y 98 octanos (con y sin plomo), gasóleo y, por supuesto, los cargadores eléctricos están muy extendidos. Los precios son muy similares a los que se aplican en las gasolineras españolas. Las estaciones de servicio no suelen tener horarios muy amplios, por lo que se recomienda no repostar por la noche.

La normativa de circulación prohíbe el estacionamiento a menos de 2 m de un cruce de calles y, evidentemente, sobre pasos de cebra, o en carriles bici y espacios reservados. Los aparcamientos subterráneos y en superficie se denominan P-hus.

Aunque el **autostop** no es una práctica que recomendemos por la peligrosidad que siempre lleva implícita, los niveles de seguridad ciudadana que se disfrutan en Suecia suavizan bastante este aspecto negativo. De todos modos, no es una forma habitual de viajar en este país, por lo que los conductores no suelen parar con demasiada facilidad.

Alquiler de vehículos

El coste del alquiler de turismos puede variar dependiendo de la temporada, el tipo de coche y la empresa de alquiler. Para poder alquilar es necesario tener más de 20 años (con menos de 25 se paga más) y presentar el permiso de conducir. Para conducir en el centro de Estocolmo hay que pagar un peaje.

▌Documentación para conducir

Para los ciudadanos de la Unión Europea se limita al **carné de conducir** expedido en el país de origen y los **papeles del vehículo** (permiso de circulación y seguro obligatorio). Es aconsejable contar también con la Carta Verde, un certificado expedido por la compañía aseguradora que acredita que un vehículo dispone del seguro obligatorio de responsabilidad civil y que el país de procedencia de dicho vehículo y seguro pertenece al Convenio Multilateral de Garantía.

▌Agencias de alquiler

Europcar
✉ Östra Järnvägsgatan 27
☎ 46 8 210 650
✉ www.europcar.se

Sixt Biluthyrning
✉ Flygplatsinfarten 33
☎ 46 8 755 58 70
✉ www.sixt.se

Avis
✉ Klarabergsviadukten 92
☎ 46 1 049 480 50
✉ www.avis.se

DURANTE LA ESTANCIA

❙ Llegar desde los aeropuertos

La mejor forma de ir a cualquiera de estos aeropuertos es mediante los autobuses de la compañía **Flygbussarna** (*www.flygbussarna.se*). Hacia Arlanda salen autobuses cada 10 minutos desde la Cityterminalen, junto a la Estación Central. El trayecto dura 40 minutos y cuesta 258 SEK, ida y vuelta. Hacia Bromma parten del mismo lugar cada media hora, tardan unos 20 minutos y cuesta 198 SEK, ida y vuelta. Y hacia Skavsta salen cada 15 o 30 minutos, aunque los horarios varían. Este trayecto dura 80 minutos y cuesta 449 SEK, ida y vuelta.

Para ir a Arlanda se puede contemplar la opción del ferrocarril. Los trenes de la compañía **Arlanda Express** (*www.arlandaexpress.com*) parten de la Estación Central cada cuarto de hora y llegan al aeropuerto en 20 minutos, por un precio de 640 SEK, ida y vuelta.

❙ Horarios

Los bancos suelen abrir de lunes a viernes de 10 h a 15 h, jueves de 10 h a 16 h o 17 h. Los comercios tienen un horario de lunes a viernes de 10 h a 18 h, sábado de 10 h a 14 h. Los supermercados e hipermercados suelen abrir hasta las 21 h o 22 h en días laborables. En los restaurantes cada cual aplica el horario que le parece, si bien hay que tener en cuenta que algunos solo abren para la cena (a partir de 17 h o 18 h) y que, por raro que parezca, en muchos de ellos cierran los domingos. Los museos así como otros lugares de interés suelen abrir de 10/11 h a 16/17 h. Tienen por costumbre cerrar los lunes. El cierre suele atrasarse una hora en junio, julio y septiembre, mientras que el resto del año los horarios de apertura son bastante más restringidos.

❙ Cómo moverse por la ciudad

Aunque el tamaño, la belleza y el peculiar perfil de Estocolmo hacen que caminar sea la mejor forma de moverse por la ciudad, lo cierto es que los medios de transporte público están bien desarrollados y son recomendables para visitar lugares alejados del centro o para ver los sitios más famosos en poco tiempo.

❙ Transporte público

Además de los **billetes** sencillos (basta con utilizar una tarjeta *contactless* al subir al transporte), que permiten utilizar cualquier medio de transporte urbano durante 75 minutos por 50 SEK (o 37 SEK si se compra con el móvil), también es posible ahorrar dinero comprando **tarjetas** para un periodo de tiempo, que dan la posibilidad de moverse en bus, metro, tren o tranvía por la ciudad de forma ilimitada durante un período de 24 horas (155 SEK), 72 horas (310 SEK) o 7 días (405 SEK). Los menores de 18 y los mayores de 65 años tienen descuentos especiales.

También hay que tener en cuenta la **Stockholmskortet** (*www.stockholm-card.com*), la tarjeta turística que permite al usuario acceder gratuitamente a más de 40 atracciones, visitas turísticas y museos de Estocolmo, además de desplazarse en autobuses turísticos, barcos turísticos y hacer excursiones en barco a Vaxholm y Djurgården.

El **autobús** es el medio que cubre mejor todos los puntos de interés. Además de las numerosas líneas ordinarias, existen cuatro buses nocturnos que circulan por la zona centro de Estocolmo.

En la zona centro de la ciudad existe una línea de **tranvías de época** que en el verano une el centro con la isla de Djurgården y el museo al aire libre de Skansen. Hay que tener cuidado y vigilar los pasos si se cruza por los raíles, ya que en ocasiones pueden estar trazados sobre las propias aceras.

El **metro**, además de ser una experiencia interesante en sí misma, es el sistema más rápido para alcanzar cualquier punto de la ciudad. Tiene tres líneas principales (roja, verde y azul) con distintas derivaciones que suman un total de 100 estaciones, 47 subterráneas y 53 a cielo abierto.

Barco y ferry

Son una magnífica opción para disfrutar del archipiélago de Estocolmo. Las 24.000 islas que lo forman constituyen uno de los mayores atractivos de toda Suecia y para poder disfrutarlo es imprescindible hacerlo en ferry. Las compañías que operan entre las diversas islas son variadas en número, y en horarios y precios.

El único ferry de transporte público real, es decir, que no forma parte de excursiones guiadas, es el **Djurgårdsfärjan** (*www.djurgardensfarjetrafik.se*), que une el parque de atracciones Gröna Lund Tivoli, en la isla de Djurgården, con Nybroplan y Slussen, en Gamla Stan. Se puede pagar con *contactless*.

Taxis

Los taxis en Estocolmo son caros, aunque muy confortables y espaciosos. Suelen ser coches modernos y de gran tamaño y sus conductores hablan siempre algo de inglés. De las diversas compañías que fun-

▌ Viajeros discapacitados

Suecia es un país especialmente atento a las necesidades de las personas con limitaciones de movilidad. Por ello, tanto en calles como museos se suelen encontrar elementos arquitectónicos de ayuda como rampas o ascensores.

Autobuses, tranvías, barcos y metro están adaptados para sillas de ruedas y tienen rampas y espacios reservados. Quizás la zona más difícil para las personas con movilidad reducida sea Gamla Stan debido a sus calles empedradas.

cionan en Estocolmo, algunas de las más notorias son: **Taxi Stockholm** (*telf. 08 1500 00; www.taxis-tockholm.se*) y **Taxijakt - Taxi Stockholm** (*telf. 46 8 350 000; https://taxijakt.se*).

❚ Bicicleta (*cykel*) y escúter (*moped*)

La **bicicleta** es, como en todo el país, el medio de transporte ideal para recorrer la ciudad, aunque el peculiar perfil de Estocolmo, lleno de islas y puentes, hace que este medio de transporte no sea utilizado tan ampliamente como en Copenhague o Amsterdam. Hay carriles bici en la totalidad de las vías de circulación y los desniveles son prácticamente mínimos. Las bicis tienen semáforos propios y disfrutan de preferencia ante los vehículos de motor. Por lo tanto, siempre que se indiquen adecuadamente las maniobras con la mano y se utilicen los carriles-bici, resulta una manera de moverse perfectamente segura.

Para circular en bicicleta por las calles de cualquier ciudad sueca lo único obligatorio es llevar un par de luces de noche –una blanca delante y una roja detrás–. Además, todas las bicis suelen llevar un candado de seguridad en la rueda trasera. En todo caso, ni el casco ni los chalecos reflectantes son exigidos por ley.

Los **escúteres** son una buena opción para quienes no estén por la labor de dar pedales. Se pueden alquilar en **Vespa Stockholm** (*Mälartorget 17, telf. 46 7 933 664 73; www.weelo.tours*).

❚ Teléfonos, Internet, wifi

El prefijo internacional de Suecia es **46**. Cada ciudad tiene un prefijo que se marca antes del número de abonado solamente en algunos casos. Si se llama desde otra población en Suecia, se marca 0, el prefijo de la ciudad y el número del abonado. Si se llama desde otro país, se marca el prefijo internacional, el prefijo sin el cero y el número del abonado. En el formato que utilizamos en esta guía el prefijo urbano de Estocolmo está indicado con el **8**.

El **acceso a internet** esta generalizado en todo el país y en Estocolmo es excelente. Hay un montón de puntos wifi gratuitos repartidos por toda la ciudad como en bibliotecas, cafeterías y centros comerciales. Además, algunos parques y plazas también tienen acceso a WiFi público.

Cada vez es más corriente que el turista utilice una **eSIM** para tener internet en el móvil sin necesidad de gastar los datos de la tarjeta SIM física de cada uno. **Holafly** (*https://esim.holafly.com/es*) ofrece planes de datos flexibles y económicos.

❙ Correos

El **servicio de correos** es bastante rápido y eficaz en toda Suecia. Existen muy pocas oficinas tradicionales de correos, que suelen abrir de 8 h a 19 h. En su lugar funciona un sistema integrado por el que es posible comprar sellos o recoger sobres y paquetes en establecimientos como papelerías, librerías, quioscos, estaciones de servicio o supermercados, y se identifican fácilmente por un cartel de fondo azul con un cuerno dorado y una corona.

Los **buzones**, bastante numerosos, son de dos tipos: azules para envíos locales y amarillos para nacionales e internacionales.

La **oficina de correos principal** está en la Estación Central (Centralplan, 15) y abre de 7 h a 22 h los días laborables y de 10 h a 19 h los sábados y domingos.

❙ Tabaco y alcohol

El tabaco y el alcohol son verdaderos artículos de lujo en Suecia tanto por sus altos precios como por las estrictas normas de consumo.

Está completamente **prohibido fumar** en cualquier local público, incluidos los centros de trabajo, y en las colas para el transporte público. La edad mínima para comprar tabaco es de 18 años. El tabaco se puede comprar en estancos, quioscos y supermercados.

La **cerveza** se puede adquirir en tiendas y supermercados hasta las 20 h a diario y hasta las 18 h los sábados. En el caso de las **bebidas alcohólicas** no es posible comprarlas más que en bares, pubs, discos y restaurantes con licencia o en los establecimientos estatales (*Systembolaget*). Estas tiendas tienen horarios específicos: de lunes a viernes de 10-18 h, sábados de 10-15 h, y los domingos cierran. La edad mínima para poder comprar alcohol es también de 18 años. El consumo de alcohol en lugares públicos está restringido y generalmente no se permite beber en parques o calles.

❙ Salud e higiene

Para viajar a Suecia no es necesario ponerse ninguna vacuna ni tomar precauciones especiales. El agua es de gran calidad en todo el país y perfectamente potable desde cualquier grifo en buenas condiciones. Si se va en verano hay que tener en cuenta que la latitud del país, las muchas horas de luz y lo poco que suele "picar" el sol son elementos peligrosos que pueden dar lugar a las consiguientes quemaduras. Los españoles, como ciudadanos de la Unión Europea, están cubiertos por el sistema de Seguridad Social en Suecia. Para utilizar este derecho resulta

❙ Teléfonos de emergencia

El teléfono de emergencias es el **112** en todo el país, tanto para ambulancias como bomberos o policía.

Para **situaciones médicas menos urgentes**, se puede llamar al número de la seguridad social sueca: 46 771 524 5241.

Midsommar

Es una celebración antiquísima de origen pagano con la que las gentes del norte celebran el estallido de colores y el baño de luz que trae consigo el tan deseado período estival. La gran mayoría de los suecos suelen aprovechar esta fiesta para comenzar sus vacaciones o disfrutar de unos días en el campo, por lo que las ciudades quedan casi desiertas. El primer viernes tras el solsticio invernal es tradición salir a recoger flores silvestres para hacer bonitas coronas y guirnaldas y para elaborar el *majstång* o "**mástil de mayo**", originalmente un tronco de abedul adornado que, tras la llegada del cristianismo, se transformó en una gran cruz de madera forrada de hojas y flores de colores. Este "árbol" se levanta en plazas, jardines o parques y a su alrededor se reúnen decenas de personas tocadas con las coronas para bailar y cantar alrededor de este curioso tótem. Al atardecer, se celebran meriendas campestres. La **comida típica** del Midsommar incluye filetes de arenque en escabeche con patatas tempranas cocidas con eneldo, nata agria y cebolla morada. Después, carne o salmón a la parrilla y las primeras fresas de la temporada, siempre deliciosas.

necesario solicitar en España la **Tarjeta Sanitaria Europea (TSE)** en cualquiera de los Centros de Atención e Información (CAISS) del Instituto Nacional de la Seguridad Social o en la aplicación de móvil. Para ser atendidos en clínicas (*Vårdcentral*) u hospitales de emergencia (*Akutmottagning*) solamente es necesario presentar el pasaporte y la mencionada tarjeta. Las **farmacias** (*apotek*) suelen tener horarios bastante restringidos, como el resto de servicios. Los **dentistas** y las **clínicas dentales** se denominan *Tandläkare* o *Folktandvård*. Los **preservativos** se pueden adquirir en farmacias, supermercados y quioscos sin ningún problema.

LGTBI

La homosexualidad está perfectamente aceptada y no supone ningún problema en Estocolmo. La legislación vigente contempla el registro de parejas de hecho, lo que las equipara en derechos civiles a los matrimonios heterosexuales. Un evento único en este ámbito es el que se celebra cada año a finales de julio o principios de agosto: el impresionante **Stockholms Pride** (*www.stockholmpride.org*), una celebración de más de una semana de duración que ocupa el Pride Park (Tantolunden), en la isla de Södermalm. Conciertos, conferencias, exposiciones, deportes y todo lo que se pueda imaginar en el acontecimiento más importante de estas características de toda Escandinavia.

Fiestas y tradiciones

En el acervo social de Estocolmo se mezclan diversas corrientes culturales de distintas épocas y lugares que a veces se suceden, aunque en muchas ocasiones se funden, mezclan y hasta confunden, creando un rico marco cultural de tradiciones y fiestas populares. A los milenarios mitos paganos apegados a los ciclos de la naturaleza, el clima y la vida, cercanos al devenir de las estaciones y ligados a la idiosincrasia del país se unen las creencias y rituales extranjeros traídos por los comerciantes y religiosos protestantes procedentes de Alemania y la Europa continental. Estas son las fiestas más destacadas: **Solsticio de verano** (*Midsommar*), **Pascua** (*Påsk*), **La noche de Valpurgis** (*Valborgsmässonafton*), el 30 de abril se celebra con hogueras y cánticos por todo el país, **Santa Lucía** (*Luciadagen*), el 13 de diciembre una joven es vestida con una túnica blanca y una corona de velas, y la **Fiesta del cangrejo** (*Kräftskiva*), cenas al aire libre con el cangrejo como base entre amigos, familia, canciones y faroles de colores.

Idioma

El idioma oficial de Estocolmo es el sueco, aunque también están reconocidas como lenguas minoritarias el *sami* (lapón), el *suomi* (finés), el *meänkieli* (finés de Tornedalen), el *yiddish* y el *romaní*.

El sueco es una lengua indoeuropea perteneciente a la rama norgermánica y comparte muchas similitudes con el danés y el noruego (o, incluso, con el islandés). Aunque su gramática es bastante sencilla, su fonética es complicada. En la actualidad se utiliza un alfabeto latino modificado de 28 letras que incluye los caracteres å (Å), ä (Ä) y ö (Ö), situados al final del abecedario en este mismo orden. En cualquier caso, no será en absoluto necesario aprender nada de sueco para disfrutar el máximo de este país ya que la inmensa mayoría de sus habitantes habla un muy buen inglés.

Suecia	España	Suecia	España
Transporte público			
Ankomst	Llegada	*Avgång*	Salida
Biljett	Billete	*Järnväg*	Ferrocarril
Restaurangvagnen	Vagón-restaurante	*Sovvagnen*	Vagón-cama
Spår	Andén	*Station*	Estación
Tåg	Tren	*Färja*	Barco
Tidtabell	Horario	*Tur, retur*	Ida, vuelta
Bagaje	Equipaje	*Reväska*	Maleta
Conducción			
Avvikelse	Desviación	*Återvändsväg*	Carretera sin salida
Bakåt	Atrás	*Bil*	Automóvil
Bro	Puente	*Fara*	Peligro
Förbjuden	Prohibido	*Försiktigt*	Atención
Framför	Delante	*Höger*	A la derecha
Ingång, infart	Entrada	*Långsamt*	Espacio
Motorväg	Autovía	*Parkeringsförbud*	Prohibido detenerse
Rakt fram	Derecho	*Slirig körbana*	Carretera deslizante
Torg	Plaza	*Utgång, utfart*	Salida
Väg, gata	Vía, calle	*Vägarbete*	Obras
Vänster	A la izquierda	*Försäkring*	Seguro
Gräns	Frontera	*Pass*	Pasaporte
Körkort	Permiso de conducir	*Tull*	Aduana
Dinero			
Bank	Banco	*Sedel*	Billete
Resecheckar	Cheques de viaje	*Mynt*	Moneda
Växelkontor	Oficina de cambio	*Kreditkort*	Tarjeta de crédito
Alojamiento			
Dubbelrum	Habitación doble	*Dusch*	Ducha
Enkelrum	Habitación sencilla	*Extrabädd*	Cama supletoria
Frukost	Desayuno	*rukostmatsalen*	Comedor
Lunchen	Almuerzo	*Middagen*	Comida
Rum med bad	Habitación con baño		
Restaurante			
Betjänt	Camarero	*Bröd*	Pan
Gaffel	Tenedor	*Kniv*	Cuchillo
Matsked	Cuchara	*Meny*	Menú
Flaska	Botella	*Glas*	Vaso
Tallrik	Plato	*Vatten*	Agua
Öl	Cerveza	*Vinlista*	Carta de vinos

Índice de lugares